Buscando la felicidad encontré a Dios

Mi relato de resiliencia y como dejé atrás las heridas de violencia, abusos y adicciones

Ginna Bernat Denix

CASA BONSÁI
escritura ✂ creativa

D.R. Buscando la felicidad encontré a Dios

Primera edición: 2023.

® Ginna Bernat Denix

Diseño de interiores y portada: Casa Bonsái. Escritura creativa.

Impreso en México.
ISBN: 9798860605282

Dedicatoria

Dedico este libro a aquellas niñas que como yo pasaron o están pasando por situaciones o condiciones adversas; también a aquellas que se convierten en mujeres con responsabilidades a temprana edad obligadas por la necesidad, sin poder disfrutar del bienestar integral que da una cálida infancia u adolescencia. A aquellas que aprendieron a ser resilientes sin siquiera conocer que significaba esto. A aquellas que a pesar de las carencias se superaron profesionalmente. A aquellas que cosechan el fruto de su dedicación, constancia y disciplina sintiéndose impostoras de su éxito profesional. A aquellas que escapan de la realidad refugiándose en alguna adicción. A aquellas que debido a sus altibajos emocionales han construido una fortaleza para lidiar con la desesperanza. A aquellas que no saben decir no, que no se atreven a parar ni a rendirse. A aquellas que olvidan son prioridad por resolver la vida de otros. A aquellas que siempre necesitan demostrar que valen, que son dignas y merecedoras de atención, paciencia, cariño y cuidado. A aquellas que llegan a la cama agotadas física, mental y emocionalmente, pero aún así se despiertan al día siguiente con la intención de luchar por alguien. A aquellas que aún se auto someten inconscientemente al abuso o la violencia. A aquellas que la ausencia, el rechazo, la humillación o el abandono de papá y/o mamá las mantiene en el sufrimiento.

Deseando que la luz que puedan aportar mis líneas, otorguen claridad, comprensión, entendimiento, empatía y compasión por ti y por los seres que te dieron la vida.

Ginna Bernat Denix

Nota del autor

Las vivencias que se narran dentro de este libro son hechos verídicos y se recomienda tomarlos con prudencia y respeto. El fin de compartirlo no es otro que el de analizar y sensibilizar al posible lector.

"La vida es muy interesante... al final, algunos de tus más grandes dolores se convierten en tus mayores fortalezas".

DREW BARRYMORE [1]

---

1. Drew Barrymore figura en la lista de las 10 actrices mejor pagadas del mundo y cuya fortuna, se estima, es de 125 millones de dólares. Según la revista *People*, publicado en junio 2021.

Cito esta frase de Drew Barrymore porque guardo un sentimiento de afinidad con ella. Los altibajos y desórdenes emocionales que sufrió desde niña la arrastraron al alcoholismo y otras drogas ilícitas a temprana edad. Así también sucedió conmigo, mi camino de autodestrucción empezó a la edad de 13 años, robando cigarrillos de la mesa del comedor de la casa donde vivía, para después escabullirme a medianoche a fumar, en un intento de liberar mis emociones reprimidas, así como de reclamar mis derechos, retando entre el silencio y la oscuridad los ojos vigilantes de quienes ejercían autoridad sobre mí y mi voluntad mancillada. Sin siquiera imaginarlo, este acto se convirtió en mi primera adicción, después del cigarro, también sin buscarlo, llegó el alcohol. Mi escape de las drogas fue muy consciente, hasta la fecha les tengo pavor. Entre mi locura y la poca cordura que tenía en ese entonces, concluí que no tendría la voluntad suficiente para dejarlas si me enganchaba con ellas, tal como sucedió con los otros vicios.

Escribir siempre se me dio muy bien, por ello desahogaba mis pensamientos y sentires a través de las letras en cada oportunidad que se presentaba. Es mi deseo compartir contigo un fragmento de los pensamientos y el sentir constante de mi existencia por aquellos días, en los que era arrastrada por los sucesos, por la gente, e incluso por la vida misma.

Me siento triste y enojada. Estoy insatisfecha, frustrada, soy infeliz, muy infeliz. No es dónde estoy ni con quiénes, ni qué hago bien o qué hago mal, otra vez se hace presente este sentir que no se aparta de mí. Me veo como un ratón enjaulado a quien sólo se le permite comer y subirse al aro a dar pasos sin destino alguno. En algún momento de mi vida perdí el sentido de ella, quizá porque pensé que cada día vivido era un complemento de algo, pero hoy me encuentro sin emoción, incluso carente de planes.

Estoy cansada de escuchar esa frase "lo mejor está por venir". ¿Será que alguien realmente lo cree? ¡Yo no! Yo sólo veo caos, incertidumbre, intranquilidad, más horas de esfuerzo y trabajo, sin encontrar placer o felicidad en nada. Siento que necesito algo que me devuelva la razón de estar viva. Quiero sentir que lo que hago tiene un propósito, que me lleva a algún sitio, que hay algún motivo por el que debo continuar.

Además, esta soledad me está ahogando. Me pregunto ocasionalmente: ¿para qué me han servido estos años de vida?, ¿dónde está el sentir de mi existencia? Sigo sin entender qué hago aquí, en especial hoy, que hasta me cuesta respirar. Me enteré por las redes que se suicidó el actor estadounidense Robin Williams. Esta noticia me hace cuestionarme aún más el sentido de vivir. A él, quien parecía tener una maravillosa carrera, familia, muchos premios por sus inspiradoras películas, la felicidad no lo alcanzó.

Si el sentido de la vida es intangible, incontable, impredecible, ¿dónde se halla ese sentido? Llevo años tratando de aparentar que todo en mi vida funciona, pero la realidad se encuentra tocando mi ventana. Se asoma, me acecha, me grita: "AQUÍ ESTOY". Ya no encuentro dónde esconderme de ella, sé que no se irá, lleva años acosándome, ya no sé qué hacer con ella.

No entiendo por qué para otros es muy fácil hallar la felicidad. Yo nunca logro que se quede conmigo, siempre se me escapa en un suspiro.

Por extraño que suene, en ocasiones siento que lo mío es ser infeliz, y como es lo único que conozco, me resulta fácil aferrarme a la tristeza. Quizá hay quienes nos tenemos que conformar con esto, ya que parece el único terreno seguro y constante.

Al terminar la semana, el mes, al paso de los días, me encuentro con las manos y el corazón vacíos. Estoy sola, tengo miedo, hoy es uno de esos días en que quisiera dormir y no volver a despertar.

Esto que acabas de leer era mi realidad, ahora admito que, aunque siempre me sentí sola, en realidad no lo estaba. Era yo quien no tenía la capacidad de reconocer la ayuda sincera o la mano amiga que se me ofrecía debido a mis inseguridades y al miedo a ser juzgada, lo cual me orillaba a excluirme.

Sin embargo, paradójicamente, permití que algunas personas tan dañadas como yo lograran ofenderme o maltratarme en innumerables ocasiones, en nombre de la amistad o del amor.

Mi descalabro emocional fue mucho más difícil de lo que podré expresar con palabras pero, sin esa serie de sucesos que sacudieron mi vida a partir de los 40 años, no estarías ahora leyendo esto.

Perdida en mi papel de "víctima", involuntariamente me convertí en presa de una mente trastornada por las heridas de la infancia, los desórdenes cognitivos, los patrones de respuesta emocional, los vacíos existenciales, y las conductas autodestructivas que me conducían a una constante desdicha.

No fue fácil llegar a donde hoy me encuentro. Las experiencias y sucesos perturbadores que formaron parte de mi niñez y adolescencia, en ocasiones, aún me duelen, aún me hacen llorar, aun me ponen triste, pero, más allá de todo eso, este manuscrito es la prueba tangible de mi sobriedad emocional, física y mental, con la que pretendo dar testimonio de que se puede dejar atrás una vida marcada por el sufrimiento, la violencia, el acoso, el hostigamiento y el abuso sexual.

Desde niña siempre supe que escribiría un libro, aunque jamás imaginé que sería sobre mí. La primera versión de este manuscrito la realicé durante la pandemia en el 2020. En el fervor de cumplir mi objetivo, con otro título y portada listos para su lanzamiento, decidí no publicarlo. La intervención de mi primer editor me hizo notar que la publicación implicaba poner al descubierto mi entera vulnerabilidad y yo no estaba lista para eso.

Con el alma hecha pedazos decidí guardarlo, pues además en esa primera versión no tenía tan claras muchas cosas, así que me dejé atrapar por el miedo. Reza un dicho: "Los tiempos de Dios son perfectos", y hoy puedo entregar mi fragilidad al desnudo sin miedo a ser juzgada ni al qué dirán; Dios toma mi mano, Él me ha preparado.

Este relato no pretende ser justiciero, ni tampoco apuntar como verdugo a nadie. Su razón de ser radica en el amor por la vida y por la felicidad que hoy gozo. Para aquellos que se den la oportunidad de leerme deseo de corazón que mis letras, palabras y vivencias sirvan de reflejo así, como de invitación para emprender su propia búsqueda, ya que a mí me hubiera ahorrado muchas vicisitudes el saber que aquello que me atormentaba junto a esa forma de vida a la que estaba acostumbrada tenía un final feliz, si era yo quien elegía hacer algo positivo con todo ese bagaje.

Por último, y no menos importante, para quienes lleguen a leerme y cuenten con un lazo consanguíneo con mis agresores, lamento con el corazón el daño colateral hacia ustedes: créanme que fueron parte de las razones por las que resguardé más tiempo del deseado este libro.

Con empatía absoluta,
GINNA BERNAT DENIX.

Capítulo I

"Para ser virgen, casi ni sangraste"

Aunque no llevo cuenta de los años, los meses o los días, continua nítido en mi memoria el suceso de aquella noche. Mi cuerpo adormecido carente de voluntad se encuentra entre sus brazos. Con cada paso suyo al subir por la escalera que conduce a las habitaciones, empequeñezco. De un momento a otro estoy desnuda, recostada sobre la cama junto a él. Su rostro parece una visión intermitente; no logro mantener los ojos abiertos por más que me esfuerzo. Una mezcla de sonidos indescifrables a mi alrededor es todo lo que escucho. Su rostro sobre el mío se vuelve una constante. Sin movimientos bruscos y sin violencia, todo pasa lento, muy lento. La humedad albergando mi pecho me obliga a bajar la cabeza, observo el sudor que corre entre su cuerpo y el mío. De repente fui succionada por una profunda oscuridad. De forma involuntaria abrí los ojos al sentir el desgarramiento de mis entrañas. Entre parpadeo y parpadeo se imprime en mi memoria la silueta de su rostro. La oscuridad regresa y me pierdo en ella sin tener noción del tiempo.

Respirar se me dificulta, me obliga a abrir los ojos y tomar una bocanada de aire, es el peso de su cuerpo postrado sobre el mío, inhalo. En un grito ahogado regreso al abismo una vez más.

Despertar fue como un sueño extraño. Mi cuerpo yacía desnudo sobre la cama. Mantuve la mirada perdida entre el techo y una lámpara que de ahí colgaba. Mi sentido del olfato se agudizó, su perfume llenó mis pulmones, entonces recuerdo quién me acompaña. Al girar mi cabeza nuestros rostros chocan, él se encuentra acurrucado a mi lado. Sus ojos brillan con cierta fascinación, me observan, encuentro satisfacción y misterio en los suyos. La frialdad de la habitación me recuerda mi desnudez. Lentamente subí mis manos hacia los pechos, hay una humedad entre mis piernas generando incomodidad, las cruzo y continúo inmóvil. Él acaricia mi cabello con suavidad y gentileza —acto seguido— , me susurra al oído: "Para ser virgen, casi ni sangraste".

El ensordecedor silencio lo obligó a hablar de nuevo, preguntó si quería pasar a bañarme; me limité a aceptar con la cabeza. Por extraño que parezca no tuve miedo, tampoco hubo una reacción colérica de mi parte. Me acompañó al baño, abrió el grifo de la regadera y me cedió el paso. El agua cayó sobre mí como un bálsamo, no recuerdo si estaba fría o caliente, tampoco puedo decir en qué momento se retiró. Pasé unos minutos bajo el agua, después tomé la toalla que colgaba del cancel, envolví mi cuerpo en ella, me agazapé en el suelo y permanecí quieta por un rato. Respirando en calma, pero carente de todo pensamiento. De reojo, miré el espejo que colgaba sobre el lavamanos cuando salí del baño; no me pude detener para mirarme.

Encontré mi ropa doblada sobre la cama, él ya no estaba. Me vestí sin prisa, ahora podía identificar aquel sonido que escuché antes: provenía de las ramas del árbol que rozaban el cristal de la ventana. Al terminar de vestirme, salí de la habitación, descendí las escaleras lentamente manteniendo silencio, como procurando no incomodar con mi presencia. Vestido y sonriente me esperaba en la sala. En cuanto me vio se levantó del sillón, caminó hacia mi encuentro, como si fuera mi protector, con gentileza me abrazó, me dio un beso en la frente y dijo: "Era mejor así, ¿no crees?".

Salimos de su casa. Con su habitual "caballerosidad" abrió la puerta del coche y me introduje. El trayecto me pareció una eternidad. Ningún de los dos emitió palabra alguna, no obstante, en mi cabeza no paraba de preguntarme: *¿qué me pasó?*

Supongo que el efecto de lo ingerido me mantuvo en ese estado, no lloraba, no estaba enojada, ni exaltada, no experimentaba emociones; estaba ahí, pero con cierta ausencia de la realidad. Finalmente, llegamos a mi casa. Apenas se detuvo el vehículo descendí sin pronunciar palabra. Mi madre y mi hermana descansaban, me desvestí, me coloqué una bata y me fui a la cama. Fue como estar suspendida en el aire, habitando un espacio vacío. Podía ver, escuchar, moverme, mas todo me resultaba irreal; de algún modo deseaba que se tratara de un insólito sueño, deseaba despertar.

La coincidencia

Conocí a José Manuel un sábado por la tarde cuando mi amiga Nelly y yo llegamos para ver la puesta de sol en la playa. Él se encontraba con un grupo de amigos. Como Nelly era mucho más sociable que yo, pronto hizo amistad con Santiago, compañero de trabajo de José Manuel y al cabo de un rato fuimos presentados. A ambas nos parecieron muy agradables, razón por la cual cuando nos invitaron a salir ese mismo día aceptamos; fuimos a cenar y después a la disco. Nos seguimos frecuentando en sentido amistoso ya que hicimos buena mancuerna los cuatro.

José Manuel tenía 30 años, era el de mayor edad; su amigo Santiago 26, mi amiga alrededor de 24, y yo acababa de cumplir 19. Nuestras salidas por lo regular eran para ir a bailar, a la playa, a cenar o a jugar cartas al domicilio donde se hospedaban. Santiago gustaba de tocar la guitarra, nosotros tarareábamos alguna que otra canción, en general la pasábamos bien.

Un día José Manuel me habló por teléfono a la estación, el lugar donde Nelly y yo trabajábamos, para invitarme a cenar, invitación que acepté. Cuando regresé al trabajo después de comer, quise comentarlo con Nelly para saber si Santiago la había invitado pero ese día ella no se presentó. Más tarde, marqué a su casa y su madre atendió el teléfono haciéndome saber que no se encontraba; decidí no dejar mensaje ni hacer más preguntas, ya que Nelly salía con un chico que no era del agrado de su madre. Puntual, a las ocho de la noche José Manuel pasó a recogerme a la salida del trabajo. Sonriente, se bajó del coche, me saludó con un beso en la mejilla y, como muestra de su acostumbrada caballerosidad, abrió la puerta. Cuando él ingresó al vehículo, tomó mi mano, me dio un suave y delicado beso sobre la parte superior de la muñeca, y sugirió ir a su casa, puesto que había olvidado la cartera; agregó también que se le había hecho tarde, por eso andaba con ropa deportiva, y quería cambiarse. En el camino le pregunté por Santiago, él comentó que aún se encontraba trabajando. Llegamos a su casa, me invitó a pasar y me senté en uno de los sillones de la sala a esperar. Él se acercó, me dio un beso en la frente, acto seguido subió por las escaleras. Al cabo de un rato bajó e ingresó a la cocina.

Me pareció extraño que el tiempo que le tomó estar arriba no fuera suficiente ya que bajó con la misma ropa, pero omití mi comentario.

Se asomó por la puerta de la cocina y me ofreció algo de tomar. Le pedí un vaso con agua. Me sorprendió verlo aparecer con dos vasos de leche, pero al mismo tiempo me pareció una escena graciosa. Él era un hombre de músculos pronunciados, con un rostro enmarcado por barba y bigote, portaba una cabellera medio larga, ondulada, negra, la camisa sin mangas que usaba esa noche dejaba ver el tatuaje que sobresalía en su hombro derecho; su apariencia era más parecida a la de un hippie que la de un ingeniero. Se disculpó conmigo y dijo que el agua se había terminado pero que la leche estaba fría y deliciosa, bebió un poco de un vaso y sin poner objeción tomé del otro. En efecto, el líquido supo tan bien, que sin darme cuenta ingerí lo que le ayudó a arrebatarme mi virginidad.

A la mañana siguiente, después de lo sucedido en casa de José Manuel, le conté a Nelly sobre el tema. Su reacción fue colérica, enfurecida se agarró el cabello con ambas manos como solía hacer cuando algo la molestaba y exclamó: "¡¡¡Lo sabía!!! Sabía que ese tipo no era de fiar, por algo no me daba buena espina". Lo siguiente fue la culpa: se le escurrieron las lágrimas y se culpó por no habérmelo anticipado, por no llegar a trabajar la tarde anterior y porque en una conversación con José Manuel y Santiago sobre sexo salió a colación que yo aún era virgen.

Nelly y yo nos hicimos muy unidas desde que nos conocimos, tanto que entramos a trabajar a la misma empresa. Nuestro aprecio era sincero, de apoyo incondicional, mutuo, como de hermanas. Ella siempre me cuidaba, me protegía e incluso me regañaba cuando hacía algo que consideraba inadecuado, ya que en esa etapa de mi vida yo aún conservaba cierta ingenuidad.

Con todo el valor que siempre admiré en ella, decidió que acudiríamos a la oficina de José Manuel cuando saliéramos a comer. Sabíamos dónde trabajaba porque en una ocasión acompañamos a Santiago a recoger unos papeles. Cuando nos encontramos paradas frente a la recepcionista, Nelly solicitó su presencia. La chica que nos atendió, con mucha amabilidad, dijo: "El ingeniero José Manuel ya no labora con nosotros, tiene una semana que dejó de prestar sus servicios para esta compañía".

Nelly giró su cuerpo hacia mí, me tomó de las manos y preguntó: "Nena, ¿qué quieres hacer?". Sentí una enorme pesadez en el pecho, acompañada de una vergüenza insostenible, así que le pedí a Nelly marcharnos. Una vez adentro de su auto ella gritaba, mientras golpeaba el volante e insultaba al susodicho. Cuando se calmó, sugirió que asistiéramos a su casa para hacer un escándalo, inclusive mencionó que fuéramos a la policía. No pronuncié palabra, la pesadez sobre mi pecho se hizo tan fuerte, al grado de no me permitirme hablar. Fue como regresar al estado de la noche anterior, una especie de muerta en vida. Como pude le supliqué retirarnos del lugar.

Nelly condujo hasta su casa, no regresamos al trabajo, pasamos la tarde juntas tiradas en su cama mirando algo en el televisor. Al llegar la noche, se ofreció para llevarme a casa; rechacé la propuesta. En su lugar, accedí que me dejara en la parada del autobús. Recuerdo que ocupé un asiento de los que están del lado de las ventanas del camión. En el traslado de la estación a mi casa, no dejaba de atormentarme con la misma pregunta: *¿qué me pasó?* No podía ponerle nombre a lo sucedido, nunca supe o quise investigar si eso era una violación, un abuso o que nombre recibía tal acto.

Cuando me encontré nuevamente con Nelly le realicé una sola petición, que dejáramos atrás el asunto. Considero que ella por miedo o empatía jamás volvió a preguntar sobre el tema.

Ocultar el suceso no me fue difícil, estaba acostumbrada a los incómodos secretos. El silencio, la opresión emocional, la humillación y la vergüenza a la que fui sometida por años en mi infancia me dieron tal maestría.

Infancia mancillada

Me resulta complejo hablar de mi infancia. No tuve una niñez "común". Entre los cinco y seis años, viví la extraordinaria experiencia de visualizar figuras que se movían a mi alrededor pero que los demás ignoraban. Durante esa etapa, establecí comunicación con un niño imaginario con quien me escondía para platicar y jugar. Los adultos de mi entorno no le dieron importancia al asunto pensando que en algún momento terminaría la fantasía, pero no fue el caso. Con el tiempo fueron apareciendo más visualizaciones y la situación enrareció. A consecuencia de estas visiones, tuve un par de episodios extraños con comportamientos agresivos, fuera de lo normal para mi edad. A esto le siguió el miedo recurrente

23

y las pesadillas, razón que obligó a mi madre a buscar ayuda profesional. El médico que me atendió no supo explicar qué sucedía conmigo.

Por consejo de algunas ancianas, mi madre terminó tocando la puerta de un "yerbatero maya", ya que parecía más un asunto sobrenatural que el de una enfermedad. Desde la primera intervención con el curandero mi vida cambió.

Entre las recomendaciones que le dieron a mi madre estaba el colocarme la ropa de dormir al revés, mantener siempre una luz encendida por las noches, así como el no dejarme sola. Las muecas frente al espejo quedaron prohibidas, también volver a tener interacción con mi "amiguito", a quien ahora le temía.

Después de todo esto empecé a sentirme intranquila. El miedo se convirtió en mi constante compañero. Me aterraba estar sola sin importar el sitio o la hora, y por las noches se acentuaba. Por mucho tiempo experimenté la sensación de que alguien me vigilaba.

Esta constante intranquilidad dio como resultado una ansiedad por comerme las uñas, pellizcarme, jalarme el cabello o rechinar los dientes. Cuando estos comportamientos fueron reprimidos, entonces comencé a perpetuar las heridas que me hacía en las rodillas o los codos al tropezar o caer.

Dichos acontecimientos me hicieron prestar atención a las historias que relataban en mi entorno acerca de personas a quienes tachaban de "locas" y que terminaban en el manicomio o, peor aún, concluían que estaban poseídas por el diablo. "Mi normalidad" no era algo que le sucedía a los demás niños o niñas, por lo tanto, dejar de mencionarlo fue lo más conveniente.

Hubo momentos en los que me encontraba jugando o en medio de alguna actividad y de repente me paralizaba al notar una de las visiones, hasta que alguien percibía mi quietud con la mirada perdida y me sacaba del trance. La realidad venía acompañada de múltiples burlas por mis estados.

Con el paso del tiempo esas visiones se agudizaron: era como si de la nada alguien o algo se recargara sobre mis hombros, y desde la cabeza me recorría una especie de electricidad que erizaba mi piel por completo, así que para ocultar mis temores fingía ataques de risa, mismos que en ocasiones terminaban en llanto.

Al no contar con el apoyo adecuado y buscando la forma de responder las preguntas que no podía hacer, empecé a convencerme de que todo eso era parte de mi imaginación. Fue favorecedor el resultado, eso me permitió disfrutar de una infancia menos anormal.

Hostigamiento sexual

Esto sucedió en la casa donde trabajaba mi madre cuando yo tenía entre 9 y 10 años. Ella y su jefa salieron de compras un día por la tarde; nos quedamos en esa casa mi hermanita, su hija menor, su hijo, un adolescente de unos 15 años, y yo. Para divertirnos decidimos jugar a las escondidas; le tocó a su hermanita encontrarnos. Me dirigí a la cocina en búsqueda de un buen escondite. Entre el refrigerador y la alacena descubrí el espacio perfecto para ello, minutos más tarde apareció Lalo quien me ordenó hacerle espacio; me moví un poco y se colocó detrás de mí. Al principio nos reíamos en complicidad, pero después me ordenó quedarme callada, y así lo hice.

Unos minutos más tarde, Lalo colocó sus manos sobre mis costillas atrayendo por completo mi cuerpo hacia el suyo. Al principio no entendí qué sucedía, fue hasta que sus manos sobre el vestido recorrieron mi pequeño y delgado cuerpo que intuí que algo no estaba bien. El silencio hizo eco de su agitada respiración a mis espaldas. Intenté soltarme, pero me contrajo con más fuerza hacía él, y nuevamente me ordenó callarme. La sensación que me invadió no la conocía, quería zafarme, sin embargo, no me movía. De repente, una de sus manos alcanzó mi rodilla y la subió hasta mi entrepierna, luego acarició mi área púbica, su respiración se volvió más agitada, cerré los ojos y mientras los apretaba imaginé la presencia de un búfalo enfurecido y enorme situado detrás de mí. Abrí los parpados cuando su mano tomó la mía y la apretó sobre el cierre de su pantalón al mismo tiempo que extraños gemidos salían de su boca, mientras estrujaba su cuerpo contra el mío.

El parloteo de nuestras hermanas dirigiéndose a la cocina puso fin al acto. Lalo me empujó y salió voluntariamente del escondite balbuceando algo. Me quedé un par de minutos más ahí con la sensación de que había hecho algo malo, aunque no entendía qué. Cuando me asomé, su hermanita me dio por encontrada. Salí del escondite y me senté en una de las sillas de la mesa de la cocina. Las niñas tomaron unos vasos de plástico y sirvieron agua de una jarra que extrajeron del refrigerador, y entre pláticas y risas se nos fue el tiempo.

Un par de días después, debido a esa sensación de culpa que no desaparecía, le conté a grandes rasgos lo sucedido a una niña casi de mi edad con quien jugaba en algunas ocasiones, mientras mi madre cumplía con su trabajo. Se trataba de la hija de la vecina de doña Zoila, la jefa de mi madre. La niña no puedo guardar el secreto y se lo contó a la hermana mayor de Lalo, quien a su vez se lo contó a su madre. Al enterarse, doña Zoila interrogó a su hijo, quien negó los hechos. El asunto no tardó en llegar a oídos de mi madre, pero el mensaje que recibió fue que yo había inventado algo que jamás pasó, acompañado con la amenaza de despedirla. Mi madre agobiada con sus propios problemas nunca preguntó qué había sucedido, para ella lo importante era no quedar desempleada, los insultos y amenazas hacia mí, no se hicieron esperar.

Fui encarada frente a Doña Zoila y su hijo, en ese mismo acto recibí una bofetada de mi madre, quien además me obligó a pedir disculpas. A nadie le importó la verdad. Después del enfrentamiento lloré por lo ocurrido encerrada en un baño, ahogando los gritos que salían de mi boca contra una toalla, mientras maldecía a doña Zoila por tener poder sobre mi madre, y a su hijo, quien me observaba a lo lejos con desdén y burla. Lo peor no quedo ahí, tuve que soportar por mucho tiempo el ser llamada mentirosa, además de las constantes miradas de desprecio durante el periodo que mi madre trabajó para ellos.

A partir de este suceso mi temperamento cambió. El hecho de que mi madre no me diera el beneficio de la duda hizo que la viera como mi enemiga, alguien en quien no podía confiar, lo que complicó aún más la relación entre nosotras, misma que nunca fue buena o amorosa con anterioridad. Aunque quizá no fuera su intención, a consecuencia de la mala vida que mi padre le dio cuando estuvieron juntos, el maltrato al que me sometía me hacía sentir rechazada. Jamás me habló mal de él directamente, pero siempre exteriorizaba con rencor y coraje, las golpizas y múltiples fracturas que sufrió a su lado. Yo sentía que ese coraje reprimido hacia mi padre afloraba en mi madre cuando me castigaba.

Sin importar que mi hermana y yo cometiéramos la misma falta, la peor paliza me tocaba con el argumento de que yo era la mayor. Podía ver rencor y odio en su mirada, sentía su desprecio en cada uno de los golpes que me propinaba. Su salvajismo no le permitía dimensionar el daño que me hacía, le daba igual golpearme con un palo, una soga o un cable. Aunque nunca tuve oportunidad de escoger, debo confesar que prefería los golpes al veneno de sus palabras, esas sí atravesaban mi alma.

En una ocasión, en un arranque de locura y coraje, me lanzó un objeto que solo por instinto logré esquivar. En ese momento no dimensioné de qué se trataba. Unos segundos después sus palabras fueron: "Ahí ibas a quedar estampada como mariposa, pues buena puntería sí tengo", sin el más mínimo atisbo de remordimiento. Cuando pude reconocer el objeto en el suelo noté que era el cuchillo con el que cortaba el pollo.

Ese constante maltrato la hizo perder el control sobre mí. Llegó el día en que no me importaban las palizas, dejaron de dolerme los golpes, me había vuelto desafiante. Perdí interés por la escuela, no hacía tareas e incluso no entraba al salón después del recreo, razón por la que reprobé el año escolar. Como era de suponerse mi rebeldía la llevó a tomar otras medidas y decidió apartarme de su lado para llevarme al que sería mi hogar de acogida por los siguientes cinco años.

Acoso, humillación y silencio

Nos trasladamos a otro Estado, a un municipio pequeño a cinco horas de dónde vivíamos, llegué ahí antes del inicio del periodo escolar, etiquetada como una niña problema. Los argumentos de mi madre le daban la razón. No sólo había reprobado el año, además "alguien" le contó que a la salida de la escuela me juntaba con un niño mayor que no estudiaba ahí y que sólo iba a verme, por lo cual prefería que yo estuviera lejos y disciplinada a que saliera embarazada a temprana edad. El asunto del chico siempre lo negué y, como era de esperarse, tampoco me creyó, después de todo quién le creía a una "mentirosa".

Ella supuso que hacía lo correcto, que yo necesitaba una figura paterna y rigor para mi formación, además daba por sentado que quedaba en buenas manos. Por desgracia para mí, el hostigamiento y el acoso sexual ocuparon un nuevo lugar.

Debido al atraso escolar, así como a mi falta de motivación, tomaron la decisión de que por las mañanas ayudaría en los quehaceres de la casa y por las tardes recibiría lecciones extracurriculares para ponerme al corriente con las materias, en especial con matemáticas. El Patriarca se convirtió en ese entonces en mi instructor para dicha regularización. Al principio todo fluyó sin contratiempo. Cada tarde debía entregar la tarea que se me asignaba el día anterior. Era bastante simple: él revisaba los ejercicios, me explicaba por qué había salido mal el resultado, y me ponía nuevas ecuaciones para el día siguiente, pero con el paso de los días la situación cambió.

Mi tutor empezó a ser más paciente de lo acostumbrado, un día me tocó el cabello mientras me explicaba algo, al otro colocó su mano sobre mis hombros mientras los acariciaba, un día más las acaricias fueron en el cuello, en este punto no intuí malicia alguna en su comportamiento, hasta aquella tarde en que se situó como habitualmente sucedía, atrás de mí, mientras se inclinaba para explicar algo que no comprendía; colocó la mano derecha con la que sostenía un cigarrillo sobre la mesa y descansó la otra sobre mi nuca, de un momento a otro su mano empezó a deslizarse sobre mi vestido hasta que atrapó mis nalgas y las apretó, intenté moverme pero el peso de su cuerpo lo impidió, justo en ese momento recordé el suceso con Lalo y la imagen del búfalo furioso atacándome de nuevo.

Continuó apretándome las nalgas con fuerza mientras empujaba mi cuerpo contra la mesa. La presión que ejercía sobre mí me privaba del aire, por un momento llegué a sentir que mi cuerpo se desvanecía, fue hasta que escuché su voz de mando ordenándome al oído: "¡Ve al baño y ahí me esperas!", que pude recuperar el aire. Mientras apartaba su cuerpo del mío, casi al instante levanté el rostro, nuestras miradas se encontraron, una bocanada de humo salió de su boca y al disiparse sonrió. Como si una fuerza brutal externa se apoderara de mí a pesar del temblor de mis manos tomé el cuaderno junto con el lápiz que sin darme cuenta empuñaba, y salí corriendo del lugar bañada en llanto.

Ese momento fue el parteaguas de un interminable acoso. Su presencia patriarcal exigía saludarlo con un beso en la mejilla, y como era muy astuto, cuando lo saludaba, sin importar que hubiera otros presentes, giraba el rostro con tal rapidez que sus labios rozaban los míos. En múltiples ocasiones fui nalgueada mientras le preparaba el café, lo cual parecía mejor que sentir su mano hurgando entre mis piernas cuando me encontraba lavando trastes. El hostigamiento se manifestó en mi cuerpo. En ese entonces no comprendía qué lo causaba, pero justo antes del amanecer, me orinaba en la cama. Cuando me resultó insoportable la situación, le conté a la única persona a quien le tenía un poco de confianza. Ella me hizo ver que no contaba con muchas opciones. Primero, necesitaba que me creyeran y, segundo, ¿qué pasaría conmigo? Por lo tanto, lo mejor era no decirle a nadie, menos a su mujer. Además, me hizo saber que en caso de que me creyeran, sería señalada como la persona que destruyó un matrimonio y a una familia. Al escucharla me di cuenta que no podía con tal peso. Estos argumentos fueron suficientes para silenciarme. No tenía a dónde ir: vivir con mi padre no era opción; regresar con mi madre, tampoco. Debo admitir que después de hablar de la situación, el acoso rompió la persistencia. Siempre presentí que ella hizo algo al respecto, la responsabilidad de las asesorías le fue transferida a otra persona de la casa, acto que favoreció que dejara de mojar la cama.

Estos sucesos no fueron los únicos por los que pasé. Reza un dicho que "el muerto y el arrimado a los tres días apesta" y no fui la excepción. El maltrato físico y psicológico también existió, en ocasiones yo misma lo justificaba por mi rebeldía, pero en otras no encontraba una razón para justificarlos. Cuando recién llegué me mandaron a vender frutas a la calle, al ser una novedad me pareció divertido, incluso me parecía una aventura el poder salir y recorrer en cada ocasión una calle diferente al día anterior, hasta que el hecho se convirtió en la causa de múltiples humillaciones, así como una obligación y exigencia.

En la época de la cosecha de aguacates, al regresar de la escuela debía quitarme el uniforme y salir a vender las piezas que ya estaban maduras para evitar pérdidas económicas. Algunas veces era muy fácil, al cabo de una hora estaba de vuelta con la charola vacía, pero no siempre sucedía así. Cuando no me iba bien regresaba a casa alrededor de las tres o cuatro de la tarde obligada por el hambre, sin haber terminado. Ese regreso me resultaba agobiante pues sabía que me esperaba el reclamo y la humillación en la que salía a relucir que no gozaba de ningún privilegio por ser blanca o de apellido "rimbombante", frase que escuchaba con frecuencia, también me recordaban que era una arrimada, que por ello debía ganarme el plato de comida. Más de una vez me atreví a argumentar algo y de inmediato una bofetada estallaba en mi rostro, ya que aparte de ser "floja, huevona, buena para nada, era además era respondona". A este hecho también le acompañaba el comer sola y llorando en la mesa de la cocina. Hasta parecía un ritual: en silencio me reprochaba a mí misma por ser tan inútil, y las lágrimas que trataba de ahogar casi siempre me impedían tragar el bocado de comida que por más que masticaba no pasaba por la garganta pues me sentía indigna de los alimentos.

El llanto frecuente se convirtió en la forma que encontré para procesar lo que era invisible a los demás, lo que no podía contar, lo que parecía ser mi destino. La vida empezó a pesarme y un día sin darme cuenta, al reposar sobre la cama, justo antes de dormir experimenté por primera vez las ganas de no despertar jamás. Deseé con el alma cerrar los ojos y terminar con mi existencia, pero como no supe o no tuve el valor para hacer algo al respecto, opté por sobrevivir y para ello guardé celosamente en mi alma los secretos que en mi mente y en cuerpo se escribían.

Así pasaron los años, crecí bajo el amparo de mi propia fortaleza e inquebrantable habilidad camaleónica, adaptándome a los tiempos y circunstancias. Llegué a la adolescencia con muchos miedos y con un sentimiento creciendo en mi corazón, el odio. Un odio acumulado por años, odiaba mi entorno, la escuela, a los maestros, a la gente en general, odiaba mi vida, odiaba muchísimo mi cuerpo, y, sobre todo lo demás, odiaba a mi madre. Para empezar, la odiaba por obligarme a vivir una vida que no había tenido oportunidad de elegir, sin embargo, de ese mismo odio surgieron otros sentimientos y emociones: la percibía como una mujer débil, frágil, me resultaba vergonzosa su presencia, rechazaba su cercanía. Mi odio llegó a ser tan inmenso que alcanzó también a Dios, pues yo no podía comprender por qué me pasaban cosas tan indeseables.

Silencio obligado
Recuerdo que amaba leer y escribir, siempre se me ocurrían fantásticas historias que jamás salieron de mi cabeza porque no había quién las escuchara. También me gustaba pintar, pasar tiempo en la naturaleza, añoraba aprender otros idiomas, hasta fingía que los hablaba cuando jugaba con las niñas de mi entorno , pero en esa lastimosa realidad nada importaba, como tampoco importaba qué sentía, qué pensaba, qué me pasaba; supongo que por eso adquirí la habilidad de observar y callar.

Me convertí en testigo de la felicidad de aquellos que estaban a mi alrededor. Afuera, cruzando la línea de mis devastadoras experiencias, habitaban niños felices con una vida en apariencia menos complicada que la mía, y que en su mayoría habitaban un hogar con papá y mamá. En ese mundo, distinto al mío, existían madres que hablaban con sus hijos mientras iban rumbo al mercado o hermanos jugando en el parque y cuidándose mutuamente. Varias veces, en los eventos escolares, vi lágrimas derramadas por el orgullo de los padres hacia mis compañeros, o la preocupación en los ojos de aquellas madres afligidas que cuidaban a sus hijos enfermos. Cómo olvidar cuando veía el beso de amor que mis compañeros recibían al dejarlos en la escuela.

No era ajena a lo que sucedía a mi alrededor, lo ajeno era poder experimentar los sentimientos que ellos sentían ante esas muestras de amor y cariño. En mi vida, en ese silencio sepulcral, en esa otra realidad, existía una batalla que parecía no tener principio ni final. Los ultrajes siempre lograban hacerme sentir culpable y los insultos me hacían sentir rechazada, despreciable, era como si algo estuviera mal en mí.

Por mucho tiempo sentí que cargaba una pesada mochila a mis espaldas, llena de secretos oscuros, miedos, tristeza.

Cuando se disipó el deseo de morir, por las noches, antes de dormir me preguntaba con gran insistencia: *¿quién soy?*, *¿por qué estoy aquí?* No podía evitar sentirme desvalida, desprotegida. No hallaba mi sentido de pertenencia, cada día estaba más convencida de que mi única compañía durante todos estos años había sido la desesperanza, y así conciliaba el sueño sin obtener respuestas.

La única persona que daba un poco de aliento a mi existencia en esa casa y quien conocía los secretos sucios que albergaba mi cuerpo falleció. Un año después de su muerte las cosas enrarecieron a mayor grado. De la noche a la mañana dejaron de alimentarme y me informaron que si quería comer debía salir a buscar trabajo para aportar a los gastos. Simultáneamente, mi acosador regresó al ataque con la misma persistencia de cuando llegué, solo que ahora no había quién le pusiera límites.

Con 15 años salí a tocar puertas, de casa en casa, para encontrar trabajo, y para mi suerte encontré no sólo trabajo sino también amparo con la dueña de la casa a la que me incorporé como niñera. Sin decir adiós, sin dar explicaciones y sin el consentimiento de mi madre o de mis tutores me fui, llevando conmigo unas cuantas prendas.

Mi nueva vida en ese lugar por casi dos años fue un maravilloso respiro. Por primera vez en mi corta existencia me sentí a gusto, tan a gusto que a voluntad dejé de ir a la escuela. Estaba viviendo un sueño en el que no había acoso, hostigamiento, humillación, golpes; nadie tocaba mi cuerpo ni me maltrataba. Fui tratada con dignidad, con respeto, con amor, por esa mujer que me empleó y no sólo me abrió las puertas de su casa sino también las de su corazón, las de su familia, y aunque me hubiese gustado quedarme ahí toda mi vida, no fue posible.

En algún momento le notificaron a mi madre que yo había abandonado la casa de mis tutores. Como ella deseaba que terminara la escuela, me permitió continuar en el nuevo domicilio, hasta que se enteró que abandoné los estudios, como aún era menor de edad, reclamando su derecho me obligó a regresar con ella.

Superación

Volver con mi madre de nuevo no fue garantía de nada. Entre nosotras seguía imperando la mala comunicación además del rencor que afloraba en nuestras diferencias bajo cualquier circunstancia. Tuvimos una época muy complicada. Justo después del suceso con José Manuel hice nuevas amistades, entre ellas, conocí a un chico el cual me animó a tomar valor y salirme de casa; estuve fuera por un año. Considero que ese tiempo me ayudó a madurar mis ideas, así como las de mi madre, las dos nos volvimos más tolerantes. Podría decirse que hicimos una tregua antes de mi regreso pues ambas nos necesitábamos.

Con el paso de los años terminé los estudios. Sin importar lo que se rompió internamente, fui encontrando la fuerza para irme reconstruyendo externamente. La maestría de mi alma fragmentada me ayudaba a sostenerme en pie.

Hice la secundaria a través del INEA y la preparatoria por examen CENEVAL. Estudié una carrera técnica en Diseño Gráfico, tomé cursos de inglés, ortografía y computación. Me volví hábil y competente, buscaba destacar siempre, tenía la firme convicción de que si me esforzaba y trabajaba arduamente obtendría el reconocimiento de mis superiores. Aprendí a escalar en el mundo laboral. Trabajaba con pasión y entrega, sin importarme las horas invertidas, ni mi vida personal o mi familia. Me acostumbré a ser disciplinada, a pelear por un buen salario o posición, perfeccioné mis capacidades para sobresalir, me exigí el doble de lo que les pedía a mis subordinados cuando llegué a tenerlos, logrando ocultar mis debilidades. En esa época me seducía la idea de convertirme en alguien importante para la sociedad, así que edifiqué una muralla que no dejaba asomar mis emociones y obtuve seguridad detrás de ella, lo cual dio resultado por muchos años.

El tiempo transcurrió. Pasé de la soltería a vivir en pareja, de estar embarazada a ser madre soltera, de vivir en el municipio de Carmen a moverme a la ciudad de San Francisco de Campeche, la capital del Estado, por una invitación de trabajo, hasta que llegaron mis inolvidables 40 años.

Capítulo II

Los 40

Muchas personas aseguran que cumplir años no es un acontecimiento importante en sus vidas, incluso llegan a considerarlo un día cualquiera; no en mi caso. Desde que pude hacerme cargo de mis festejos, se ha convertido en mi día favorito del año.

Tuve años significativos: los 19 cuando dejé de ser virgen, los 25 cuando cambió la estructura de mi cuerpo, los 31 cuando me enteré que estaba embarazada, los 37 cuando quedé imposibilitada de caminar y al cumplir 40... aunque en ese momento no lo sabía.

Algunos textos que leí cuando estaba por cumplirlos advertían que al llegar a esa edad las personas alcanzaban cierta madurez. En particular, recuerdo una nota que llamó mi atención, pues hablaba de la esperanza de vida tanto de los hombres como de las mujeres. Ahí afirmaban que dicha esperanza creció en las últimas décadas, lo que permitía que una persona de 40 se pudiera sentir más plena, ya que aún se encuentra fuerte, activa, aunado a haber adquirido cierto nivel de conocimiento. Otro aspecto que resaltaban, en el caso de las mujeres y gracias a los movimientos en pro de sus derechos, es que ganar y gastar el dinero propio ha permitido que la mujer pueda seguir disfrutando de la vida con o sin pareja. Mi curiosidad ante todo esto recaía en mi falta de identificación con estas opiniones. Aunque era independiente económicamente, las actividades y compromisos me mantenían agotada física y mentalmente, además de que tampoco me consideraba una gurú o poseedora de algún conocimiento especial sobre alguna materia, y ni qué decir sobre la vida o las relaciones.

También, me ponía en jaque el tener que admitir mi edad. Solía evitar hablar del tema. Adquirí esa costumbre de quitarme los años después de cumplir los 27, cuando la gran mayoría de mis amigas cambiaron su rol de solteras por el matrimonio o por los bebés. Al no poder encajar en las conversaciones sobre sus nuevos roles me fui excluyendo de esos círculos y terminé "antreando" con nuevas amistades, incluyendo personas más jóvenes que yo, hasta que descubrí que estaba embarazada a los 31.

Al mirarme en el espejo veía a una mujer a la que no podía definir. En apariencia mantener un cuerpo delgado me ayudaba a sostener la mentira, pero me delataban mi rostro y vitalidad física. Jamás me percibí como una mujer hermosa, sin embargo, todas las revistas de moda que había leído en mi adolescencia taladraron mi cabeza con la idea de que la belleza física debía ser prioridad en la vida de una mujer, así que sin importar que exigiera demasiado me abracé de la vanidad al considerarla una cualidad o requisito indispensable para sentirme bien y aceptada. Invertía dinero y esmero en verme lo mejor posible. De hecho, la razón por la que dejé el hábito del cigarro se debió a la influencia de un documental que vi, en el cual explicaban los daños e inconvenientes que causaba en la piel y en el rostro de las mujeres la nicotina. En aquella investigación, con lupa y lujo de detalles, vi la apariencia del llamado "código de barras" en los labios de diversas mujeres. Me aterró la idea de verme algún día con lo que consideraba una grotesca apariencia. A partir de ahí, disfrutar un cigarrillo careció de valor pues de por medio estaba preservar la juventud de mi rostro. Así, lo que en múltiples ocasiones había intentado sin prosperar y era un placer, decidí de un día para otro abandonar el habito de fumar.

Independientemente de los motivos, hice una buena elección, pero no fue la única medida que tomé con esa finalidad. Tiempo después, en la incansable búsqueda y procurando alcanzar la belleza de la cual no me sentía provista, dejé de sonreír. La seriedad me daba menos expresiones fáciles y sin ellas no habría líneas que se marcaran sobre mi rostro. El invento de los celulares con cámaras y la innovación de los filtros fue mi mayor alucine, hacía uso de cualquier efecto que estuviera disponible con tal de enmascarar mi rostro. Esa búsqueda me llevó a perder algo de realidad, comencé a detestar las "imperfecciones", por eso cuando me enteré por algunas conocidas y por las revistas que hablaban maravillas del bótox, un producto que no sólo estaba de moda, sino que además prometía milagro, decidí ser parte de la corriente. Recibí múltiples inyecciones en el rostro con la idea de preservar aquella belleza y juventud que estaba perdiendo.

No sé si en este tiempo logré convencer a otros, la verdad eso era el menor de mis problemas; para quien debía funcionar era para mí. Al momento de intimar frente al espejo a puerta cerrada el asunto se intensificaba: mi diálogo era tan parecido al de la bruja del cuento de Blanca Nieves, que nada de lo que hacía terminaba por satisfacer los estándares de belleza que me había autoimpuesto. La ilusión del bótox no era eterna, el efecto desaparecía con el correr de los meses. Mis inseguridades e insatisfacciones daban un golpe bajo a mi pobre autoestima, la depresión aparecía cuando miraba mis fotografías editadas con tan perfecta belleza, pero que en la realidad no eran mi reflejo, y al igual que la reina Grimhilde mi exigencia se volvía cada vez más obsesiva.

Culpaba a las muchas situaciones o sucesos externos que me daban esa sensación de vejez y cansancio por ejemplo, la hernia de disco que me diagnosticaron a los 35. A secuencia del daño que sufrió un nervio, arrastré la pierna izquierda durante dos meses y pude recuperar su movilidad después de un largo periodo en rehabilitación, sin embargo el dolor junto con una sensación de ardor mantenían su frecuencia, lo que me imposibilitaba regresar a mis actividades de forma rutinaria, y a partir de esto también se vio afectada mi calidad de descanso, pues no podía sostener el sueño profundo por las noches.

A estos padecimientos los acompañaron después el dolor de espalda, de cadera, de pelvis, de rodillas y, como si el dolor no fuera suficiente, con el paso del tiempo llegó el insomnio, las arritmias cardiacas, la ansiedad, así como una extraña y constante irritabilidad. Los medicamentos se convirtieron en parte de mi bagaje. Me fui enganchando con múltiples analgésicos en búsqueda de la pastilla mágica que menguara mis dolencias, y entonces llegó a mí el ibuprofeno.

Esta pastilla se convirtió en mi adicción. No tengo idea de cuántos paquetes podía consumir en una semana, pero de verdad eran muchos. Los encontraba con facilidad a mí alrededor, en el cajón de la oficina, en mi tocador, en la gaveta del baño, en la guantera del coche, en la mesita a lado de mi cama, en mi bolso. Tomaba ibuprofeno inmensurablemente, desde que abría los ojos por la mañana hasta regresar a mi cama por las noches.

A pesar de mis achaques, malestares, emociones encontradas y falta de vitalidad, no quería dejar pasar mi cumpleaños, pues se trataba del número 40, se suponía que estaba alcanzando algo "importante", por lo tanto, deseaba pasar un cumpleaños perfecto. Tomé la decisión de llamar a una amiga que curiosamente cumple años un día después del mío y la convencí de empezar la celebración juntas. Acudimos a un sitio al cual asistíamos con regularidad, no sólo por ser de nuestro agrado, sino porque también era frecuentado por personas de nuestro ámbito social.

Quedamos de vernos alrededor de las tres de la tarde. Llegamos casi al mismo tiempo, mi amiga estaba radiante, lucía uno de esos peinados espectaculares que realizaba sobre sí con una facilidad asombrosa. Yo aparecí con un vestido rojo, rebosante de felicidad. Al cabo de un rato, llegaron algunos amigos y familiares de mi amiga, las cervezas y las copas no faltaron en la mesa, la gente iba y venía, parecía un desfile de celebridades. Algunos tomaban un par de cervezas y se retiraban, otros se fueron quedando, y la mesa al compás de las horas fue creciendo en número de sillas. Seguimos celebrando, cantando, brindando, y la música, las carcajadas y las fotos fueron parte del festejo hasta que el lugar anunció el cierre de sus puertas, razón por la que decidimos continuar la fiesta en otra parte. Nos movimos a una discoteca de moda a la cual ni mi amiga ni yo asistíamos, pero los parientes de ella sí, y en cuanto nos paramos en la entrada del sitio nos dieron acceso al interior acompañados de un mesero que nos condujo a nuestra mesa.

Una vez adentro coincidimos en pedir una botella de whisky. Bailamos, cantamos, saludamos a muchas otras personas. Al terminarse la botella pedimos otra hasta que alguien tuvo la sensatez de dar por terminada la parranda. Pagamos, salimos del lugar, nos acompañamos mutuamente al estacionamiento, nos despedimos y cada quien tomó su camino.

Conduje hasta llegar a una avenida amplia que me permitía llegar con facilidad a casa, iba escuchando música y cantando, sentía el clímax de la felicidad por todo el cuerpo pues se había cumplido mi objetivo. Había tenido una celebración perfecta y maravillosa sin imaginar lo qué me esperaba unos metros adelante.

La larga fila de coches y los conos color naranja que se desdibujaban en la distancia me hicieron notar lo que sucedía. Repentinamente y sin importarme el sentido de la calle, tomé la calle paralela justo antes de entrar a la zona de inspección, es decir, habían instalado un retén para la aplicación del alcoholímetro.

Cuadra y media después de conducir en sentido contrario, me estacioné debajo de la luz de una lámpara que colgaba de un poste y una vez ahí, con el corazón agitado y la cabeza inundada de pensamientos, decidí marcarle a mi amiga Maritza, con la seguridad de que atendería mi llamada. Después de un breve interrogatorio coincidimos en que lo mejor era que me recogiera en el punto donde me encontraba. La espera me pareció eterna, estaba asustada, ansiosa, me abrazaba el miedo de imaginar el momento en que vendría la policía para llevarme. Los peores pensamientos me embargaban, no quería terminar arrestada en mi perfecta celebración.

La cruda realidad

Con profundas ganas de vomitar abrí los ojos, como pude me arrastré a la orilla de la cama y devolví en el piso. Luego de un agudo suspiro, pude observar que me encontraba sobre mi cama, y al intentar ponerme de pie, un intenso dolor impactó mi cabeza. Me costaba mantener los ojos abiertos, a tientas me reincorporé en la cama, aún tenía puesto el vestido del día anterior. Como un flashazo pasó por mi mente el instante en el que alcancé a ver los conitos color naranja que anunciaban la presencia de la autoridad.

Me puse de pie, el dolor se acentuó al grado de sentir que me explotaría la cabeza, la sostuve entre mis manos, pero regresaron las ganas de vomitar. A pesar del dolor, me dirigí hacia el baño a paso ligero. Después de un par de arcadas me reincorporé, quería arrancarme la cabeza, el malestar era insoportable.

Al regresar a la habitación me di cuenta de que tenía un *blackout*, una especie de "amnesia parcial". No me asustaba, pero me desagradaba; ya lo había experimentado antes. No recordaba la trayectoria que realicé del bar al antro, así como tampoco el trayecto que recorrió mi amiga para traerme a casa.

Una vez sentada sobre la cama, sin razón aparente mi cuerpo empezó a temblar, las lágrimas invadieron mis ojos y lloré un rato. Cuando logré controlarme me reincorporé, cogí una toalla y volví al baño, procurando no hacer ruido pues apenas empezaba a amanecer. Me desvestí, entré a la bañera dejando que el agua cayera sobre mí por un rato. Empapada me envolví en la toalla y caminé de vuelta a mi habitación, pero esta vez noté mi bolsa situada sobre el tocador; dentro de ella resguardaba mis tarjetas del banco, mi identificación, la licencia de conducir, pero no estaban las llaves del coche ni el celular.

A pesar de que el dolor de cabeza continuaba siendo una molestia, intenté recordar los lapsos olvidados mientras limpiaba el vómito del piso. Después fui a la cocina por un vaso con agua, regresé a la habitación, tomé un par de pastillas y volví a la cama.

Al acomodar mi cabeza encima de la almohada noté que el celular estaba ahí, adopté la posición fetal y el llanto regresó. Lloré un largo rato, y conforme las lágrimas escurrían sobre mi rostro pude recordar sin total claridad que entre Maritza y yo hubo una discusión. Me sentía fatal física y emocionalmente, no era novedad para mí, todas mis resacas terminaban así, con una extraña sensación de malestar en el cuerpo y en el alma.

Unas horas más tarde, mi madre tocó a mi puerta avisando que había preparado el desayuno. Apenas pude probarlo. Me disculpé alegando que me sentía mal del estómago. Regresé a la cama después de tomar otro par de pastillas y de asegurarme que Maritza resguardaba las llaves de mi vehículo. Para la mitad del día ya me sentía mejor y tras contestar las felicitaciones recibidas a través de mi celular o en las redes sociales decidí marcarle a mi amiga; por el tono de su voz percibí que aún se encontraba molesta, aun así se ofreció a recogerme en casa para llevarme al lugar donde estaba estacionado el carro.

Maritza pasó por mí alrededor de las siete de la noche. Una vez adentro de su coche fue inevitable hablar del suceso, no me resultaba claro su enojo; bastante mal me sentía además me avergonzaba haberla sacado de su cama en medio de la noche para rescatarme. No obstante, ella alegaba que ese no era el problema.

Desde mi percepción me daba la apariencia de un drama exagerado: a grandes rasgos ella repetía con frecuencia que no le parecía la forma en que me divertía cuando lo hacía, pues todo indicaba que no tenía control.

La verdad es que no le di gran importancia a sus comentarios, para mí todo giraba en torno a que ella estaba celosa, así que en mi defensa alegué que no salía todo el tiempo. Al darme cuenta de que la discusión no nos llevaba a nada en concreto, le prometí que tomaría en cuenta su opinión; después hice un chistorete de mi escapada del alcoholímetro, lo que provocó nuestras carcajadas por un rato hasta llegar al lugar donde se encontraba el automóvil. Nos despedimos, subí a mi coche y conduje de regreso a casa.

Transcurrieron un par de días después del incidente. Recién llegaba a casa del trabajo cuando recibí una llamada en mi teléfono celular; el identificador me indicó de quién se trataba, así que contesté con alegría y saludé a Cati, una gran amiga que vive en otra ciudad. La charla inició con temas irrelevantes hasta que de repente el tono de su voz cambio y dijo: "Me marcó Maritza hace un par de días".

No me alarmó escucharla decir eso. Debido a mi relación de amistad y cercanía con ambas Cati y Maritza se hicieron amigas, solían tener comunicación, aunque agregó: "Me contó lo sucedido la noche de tu cumpleaños, espero no te enojes, lo hace con la mejor de las intenciones, dice que le preocupas, que ha notado muchos cambios en ti, que no entiende, además está el tema del alcohol, le preocupa que te pase algo".

Cada una de sus palabras provocó un profundo impacto en mi cerebro, seguido de una contracción corporal así como un fuego abrasador que corrió entre mis venas invadiéndome de coraje, enojo e ira. Descubrir que Maritza se había tomado la libertad de contar detalles de mi vida privada me resultó inconcebible. Mientras mi interlocutora seguía hablando yo divagaba formulando los insultos y las injurias que le arrojaría a Maritza al término de esta conversación. Me resultaba inaceptable su actuar ya que no recordaba una sola vez en la que ella me confiara algo íntimo y yo lo hablara con alguien más, por lo tanto, no entendía qué le daba derecho a compartir la confianza que había depositado en ella.

Cati, al notar la ausencia de mi atención, preguntó: "¿Sigues escuchando?"

Yo me encontraba presente y a la vez lejana. Mi cuerpo se sacudía al calor de la furia que sentía.

Me parecía absurda esta conversación, quería decir muchas cosas pero al mismo tiempo me sentía avergonzada. Cati vivía en otra ciudad, y a pesar de que era mi amiga y le tenía no sólo confianza sino también aprecio, no me parecía la persona con quien deseaba hablar sobre esto. Había tratado de olvidar el suceso de mi cumpleaños pero extrañamente se negaba a quedar atrás.

Con voz entrecortada y sobre todo ocultando mi cólera, afirmé que había salido a celebrar y que se me habían pasado las copas. No quise agregar más detalles, después de todo Cati conocía una versión y yo no tenía intenciones de discutir con ella al respecto. Debo admitir que ella fue muy prudente pues no me presionó para saber más, solo concluyó la charla diciendo: "Amiga, no sé por lo que estés pasando, ni por qué razón Maritza dice estar preocupada, pero resuelve lo que necesites resolver, siempre has sabido salir adelante, seguro que una vez más podrás, y si necesitas algo, sabes que aquí estoy para apoyarte". Agradecí su gentileza y concluimos la charla.

Sentada al borde de la cama, atónita y confundida, permanecí inmóvil por un rato, sin claridad sobre qué hacer o qué decir. Una parte de mí quería contactar a Maritza para insultarla pero al mismo tiempo me sentía bloqueada, sin lograr comprender su concepto de amistad. Desde mi óptica ella había traicionado mi confianza, simultáneamente, divagaba imaginando el caos que su indiscreción podía causar en mi vida si sus palabras llegaban a las personas incorrectas.

No se trataba sólo de la indiscreción: sus argumentos mal intencionados podían poner en tela de juicio mi capacidad de conservar la tutela de mi hija. Sentí que sus razones daban derecho a que cualquiera pudiera juzgarme o reprocharme algo con respecto a su crianza. Su actuar me hacía ver que ella no dimensionaba el peso de sus palabras.

No pude evitar verla como una más de las personas que me habían traicionado en el pasado, y experimenté un inmenso repudio hacia ella y todo su entorno. Detesté su falta de lealtad, aborrecí su imprudencia, en ese preciso instante, con los ánimos calientes y las emociones burbujeando en mi estómago, me prometí dos cosas: colocarla en mi lista de personas en quienes no podía confiar y no volver a tomar alcohol de esa manera.

Los cambios que me sacudieron

Tal como lo decidí, Maritza pasó a la historia. Convencida de que su amistad no valía la pena corté toda comunicación con ella y enfoqué mi atención en donde encontraba pasión y propósito, mi trabajo.

Unas semanas después de este embrollo, en el lugar donde prestaba mis servicios dio inicio un proyecto grande que duraría un par de meses, con la planificación llegaron retos y nuevas caras a las oficinas.

La relación laboral inició formalmente. Se establecieron grupos de trabajo para la coordinación y ejecución estos grupos, a cada persona le fue asignada una tarea específica, por ejemplo, a mí me tocó colaborar con quien era la segunda al mando en el comité estatal. Al principio todos manteníamos límites respetables y mucha prudencia, aunque la cercanía por las horas de trabajo, que en ocasiones rebasaban las 10 horas, ocasionó que los integrantes de mi grupo pasáramos de la formalidad a un compañerismo relajado.

A medida que las semanas avanzaban, el desfile incesante de personas en las oficinas por las encuestas o las actividades que ejecutábamos semanalmente también fue creciendo, impidiendo la privacidad, razón por la cual las reuniones fuera de las instalaciones al final del día se volvieron recurrentes, lo cual terminó por derrumbar los límites entre todos, dando paso a una relación totalmente informal.

Debido a la extensión de los objetivos, pasamos a hacer trabajo de campo para abarcar otros municipios y así cubrir toda la entidad. Salíamos en grupos de cuatro o cinco personas, todos los días desde muy temprano, sin tener hora de retorno a la oficina o, por consecuente, a casa. A dos meses de cerrar el proyecto, nos tuvimos que trasladar de forma fija a un municipio a tres horas de Campeche.

Una noche, al terminar la cenar en el lugar donde nos proveían los alimentos, un compañero se presentó con un paquete de cervezas con el argumento de "relajarnos" después de un largo día. Este momento que pudo haber sido algo sin relevancia en realidad fue la punta del *iceberg*.

Yo sabía de antemano que a uno de los coordinadores le gustaba la bebida, lo noté desde el principio de los trabajos por la forma en que se relacionaba con otros integrantes del equipo. La línea de respeto entre ellos simplemente nunca existió; se comunicaban como adolescentes de preparatoria, incitándose continuamente a invitar la primera ronda de cervezas o el "pomo" como coloquialmente se dice en nuestra zona.

Al encontrarnos solos, lejos de casa, entre el cansancio por las largas jornadas, la presión para lograr las metas establecidas, la aceptación, unidad y confianza en el grupo, se disolvió toda clase de formalidad y profesionalismo entre nosotros. Al principio, intentando mantenerme al margen pero sin excluirme, me tomaba una o dos cervezas, ocupaba el papel de acompañante, cuidadora o chofer, pero al transcurrir los días, las noches de parranda se hicieron recurrentes, así como el aumento en mi consumo de alcohol.

Como no hay plazo que no se cumpla, el proyecto llegó a su fin. Regresamos a nuestras oficinas para retomar el curso de nuestras vidas. No obstante, la cercanía y la convivencia establecida mantuvo el lazo fraternal que habíamos tejido, lo que nos permitió continuar frecuentándonos con regularidad. Las reuniones sucedían en algún lugar público, en la casa de alguien, incluso en casa de nuestra jefa. Supongo que, al encontrarnos en nuestra localidad o sentirnos con mayor confianza, el consumo de alcohol para todos se acrecentó más de lo habitual. A nuestras reuniones se sumaron amistades nuevas y de pronto la convivencia tomó otro giro, todo se volvió complejo. Al romperse la armonía llegaron los chismes, los reclamos, las discusiones, los malentendidos, abriendo brecha no solo entre los integrantes sino también en mis seguridades.

Entre todo ese caos y las continuas borracheras, pasaron dos meses. La conclusión del proyecto resultó exitosa, y como recompensa por mi participación me invitaron a laborar a una nueva dependencia.

Feliz y empoderada, llegué a mi nuevo trabajo. Mi jefa sabía de primera mano de mi capacidad profesional gracias a nuestra participación en el proyecto que nos trajo a esa nueva entidad. Su presencia formaba parte de un estímulo de mucho valor para mí, ella me trasmitía seguridad y me convencía de que su apoyo serviría para una mejor posición en mi futuro profesional, considerando las conversaciones que manteníamos con frecuencia antes de esa nueva etapa.

Ilusionada me incorporé al nuevo puesto de trabajo, pero dicha ilusión se desvaneció tan rápido como el humo de un cigarrillo en el aire después de las primeras semanas de trabajo. Una tarde, a razón de una actividad que se realizaría en los próximos días, mi jefa nos requirió en la oficina para terminar de organizar un evento que se encontraba en la etapa de planificación. Al llegar nos instalamos en la sala de juntas y empezamos a hablar de los detalles, pero por la diferente forma en que visualizábamos cómo debía ser el evento, sin proponérnoslo, ella y yo entramos a una especie de discusión. Considero que por la confianza, mi jefa me reclamó de modo sarcástico el no entender su punto de vista, lo cual me pareció tan personal que de manera reaccionaria le cuestioné qué esperaba de mí, a lo que ella respondió: "No escuchas, por eso no entiendes, por eso no logras adivinar qué quiero, ¿sabes qué quiero?" pregunto desafiante.

Me quedé en silencio retándola con la mirándola, mientras mantenía las palabras atoradas en la garganta por el coraje que despertó en mi mientras pensaba que no me pagaban para adivinar sus deseos sino para hacer lo que se tenía que hacer. Cuando finalmente pude responder, le aclaré con cierto desdén que no me gustaban sus adivinanzas, que fuera clara y precisa respecto a lo que quería.

La reunión continuó sin que nosotras lográramos comunicarnos. Fue como si cada una hablara de algo diferente, como consecuencia de nuestras diferencias, el ambiente se enrareció. Los presentes mostraron síntomas de incomodidad, por lo que mi jefa dio por terminada la reunión, nos despedimos y me retiré a casa.

La relación que inició con respeto y admiración entre nosotras se encontraba un tanto extraña, por alguna razón no lograba identificar el problema, me sentía atacada por ella constantemente. En el transcurso de esa semana tuvimos otros desacuerdos que habían terminado por evidenciar lo que no estaba funcionando.

Un par de días después se presentó otra confrontación. Las conversaciones que antes sucedían con normalidad habían quedado en el pasado. Ella parecía molesta, podía sentir su disgusto, pero no sabía ni entendía sus motivos, así que cuando me invitó a su casa aquella tarde supuse que dicha reunión pondría fin a las disputas.

Al llegar todo sucedió como antes, hablamos de algunos temas coloquiales seguidos de los familiares, hasta que surgió el tema laboral. Expresó que no se sentía cómoda con el giro que había tomado nuestra relación. A mi parecer yo no había provocado la situación, sin embargo, su tono de voz y sus expresiones me hicieron sentir agredida nuevamente. Recuerdo haberle preguntado cuál era el problema, ya que antes tomaba en cuenta mis ideas, cosa que ahora parecía disgustarle, y con esto volvimos a confrontarnos.

Al encontrarnos solas no hubo quién limitara nuestras palabras. Ella con voz firme se dirigió a mí y dijo: "Sé que eres eficiente, que te gusta trabajar, pero siento que has perdido el piso, no sabes dónde estás ni qué quieres". Su expresión me puso de nuevo a la defensiva, así que de inmediato respondí que me había reclutado por mi desempeño en el trabajo, que no podía estar jugando conmigo a las adivinanzas, que me dijera qué quería y yo lo hacía, a lo que esta vez respondió: "Has perdido la humildad, te has vuelto intolerante y prepotente". Escuchar estas palabras acrecentó mi rabia y, aunque quise defenderme, opté por quedarme callada. Después de un largo silencio ella agregó: "Ginna dime, ¿tú qué quieres?, ¿cuáles son tus aspiraciones?". Una vez más y a la defensiva, respondí: "Yo solo quiero trabajar, que respeten mis opiniones y ganar mucho dinero". Me miró a los ojos y pude notar que mi respuesta no la había complacido, lo cual me enojó todavía más. No entendía a dónde quería llegar. Me ordenó traerle un vaso con agua de la cocina, y así lo hice, para cuando regresé dio por concluida la reunión. Me retiré a mi casa pensando que esto resolvería parte del problema entre nosotras, ya que no podía asegurar sus razones, suponía por ejemplo, que anteriormente mi salario lo pagaba el jefe del proyecto para el que fuimos contratadas y ahora era ella quien asignaba los salarios, lo que la hacía exigirme un poco más. Me esperanzaba pensar que nos estábamos adecuando a nuestros nuevos roles, pero con el correr de los días todo cambió.

Capítulo III

Que todo vuelva a ser como antes

El encuentro informal con mi jefa fue como abrir una caja de pandora de la cual salieron todos mis defectos. El espacio donde había cimentado mi seguridad dio un giro de 180 grados, nada volvió a ser igual. Mi jefa rompió toda clase de comunicación conmigo, fui desplazada de mi puesto e ignorada por completo, perdí la atención y el respeto de todos en la oficina, para cerrar con broche de oro, mis relaciones dentro del grupo de parrandas colapsaron, los chismes y los malentendidos tomaron una dimensión desmesurada en la que me empecé a sentir ahogada y en un arrebato de coraje, al sentirme rechazada, me aislé de todo el mundo.

Lloraba de tristeza y frustración mientras que la ansiedad no me permitía pensar con claridad. Pasaba el día orquestando diversas películas en mi cabeza que siempre terminaban mal o avecinando una catástrofe. Cerraba los ojos deseando que terminara esta pesadilla, por las mañanas despertaba con la esperanza de que en algún momento mi vida retomaría el rumbo que tenía antes. Con el alma deseaba volver a mi trabajo y que todo continuara siendo "perfecto", sin embargo, transcurría el día sin que algún cambio ocurriera. Mi jefa seguía sin dirigirme la palabra, me aplicó "la ley del hielo" y la gran mayoría de mis compañeros de trabajo replicó su conducta. Acudí a su casa en un intento de reconciliar con ella nuestras diferencias pero no logré ni que me recibiera. Me sentaba con el celular en la mano esperando recibir su llamada, pero el día transcurría sin saber de ella, al llegar la noche, recostada en mi cama lloraba desconsoladamente deseando desaparecer mientras el insomnio se acurrucaba a mi lado.

Así pasé las primeras cuatro semanas. Un día al entrar a mi perfil de Facebook vi la publicación de una antigua compañera de trabajo. Por alguna razón su mensaje llamó mi atención así que decidí saludarla; ella me contestó casi al instante. Después de una charla virtual corta, la invité a tomar un café.

Nos vimos en una cafetería situada frente al malecón de la ciudad. Nuestra conversación dio inicio con las anécdotas que pasamos cuando trabajamos juntas. Nos reímos un rato de las aventuras que recordábamos. La plática nos condujo a mi desolada existencia y sintiéndome en confianza le conté *grosso modo* lo que estaba viviendo, los comentarios que se decían a mis espaldas y lo insegura que me hacía sentir esta situación. Ella se limitó a escuchar, guardó silencio y me observó con mucha atención mientras yo exponía lo mucho que me dolía el haber sido relegada de las actividades para las cuales se suponía había sido contratada. Cuando terminé de hablar, tomó mis manos entre las suyas y dijo: "¿Me permites hacer una oración por ti?". Me quedé atónita, por pena accedí. Ella me solicitó cerrar los ojos y, aún con mis manos entre las suyas, comenzó a orar.

Debo confesar que por primera vez en mucho tiempo pude llorar frente a alguien con un sentimiento diferente al enojo. Por unos minutos experimenté cierta calma, cierta tranquilidad. Cuando ella terminó de orar, dijo con voz pausada y benevolente:

> Ginna, para entender por lo que estás pasando, tendría que ser tú, sin embargo, puedo asegurarte de que todo sucede por alguna razón, ¿no te has planteado que quizá Dios tiene algo más para ti?

A la defensiva y con la ira que surgía de forma natural en mí respondí:

> Nancy, ¡no me estas escuchando! Lo que yo quiero es que todo vuelva a ser como antes, yo me gané ese puesto, me sacrifiqué y trabajé mucho para llegar ahí. Ser ignorada me duele, me duele que me hayan arrebatado lo que tanto esfuerzo me costó conseguir, ¿qué tiene que ver "Dios" en todo esto?

Nancy contestó de nuevo, en calma total:

> Ginna, el que da y quita es Dios, no las personas. ¿No has pensado que puede tratarse de un momento de cambio en tu vida y que por eso te está apartando de esas personas, de esos lugares? Dale la oportunidad a Dios de actuar, quizá los comentarios que escuchas tienen algo de verdad y necesitas perder esa falsa seguridad para tomarte una pausa. Acércate a Dios, pregúntale qué quiere de ti.

Sus respuestas no me ayudaban, no me daban lo que yo quería escuchar. Acudí a ella anhelando una palabra, un consejo que me indicara por dónde retomar lo que había perdido; en cambio, lo que me daba no me servía, como yo la había invitado, decidí ser prudente y me quedé en silencio con la firme certeza de que estaba perdiendo mi tiempo.

Mi mente intentaba comprender su mensaje, pero al mismo tiempo tenía la percepción de que ella no comprendía por lo que yo estaba pasando . En mi cabeza todo era muy claro, quería una sola cosa, solo una: ¡mi vida de vuelta!, lo demás no me importaba.

Deseaba todo tal cual estaba en el pasado, quería experimentar de nuevo la felicidad que construí a mi talla, a mi medida, mi felicidad, en la que yo era perfecta. Acudí a Nancy buscando un poco de claridad y en su lugar me hablaba de Dios y yo no entendía qué tenía que ver Él en todo esto, además mi tiempo era para recuperar mi pérdida no como para andar investigando cuestiones religiosas. Y así como nuestro café se acabó, se terminaron también mis ganas de seguirla escuchando.

Yo era la víctima

La noche del 31 de diciembre me encontraba sola en casa, mi madre había viajado y mi hija andaba de vacaciones con su padre. Alrededor de las ocho de la noche llegó a mi celular el mensaje de un amigo que vivía fuera de México felicitándome y preguntándome por mis planes para esa noche. Su mensaje me causó notable alegría y extrañeza ya que no recordaba recibir mensajes de él en estas fechas. Con lágrimas en los ojos, y quizá buscando desahogarme un poco, decidí contar que me encontraba deprimida por lo que me quedaría en casa. Unos minutos después de leerme tomó la iniciativa de marcarme; mi mensaje le causó preocupación, según me dijo. Nuestra conversación no fue profunda, sin embargo, un par de minutos después me pidió que no pasara la noche sola, me alentó a ponerme linda y salir de casa. Pregunté a algunas conocidas por su plan de esa noche y una amiga me dio la bienvenida con su familia.

Asistí a la cena sin ganas y con una sonrisa fingida me tomé un par de *selfis*, tal como me sentía emocionalmente me veía retratada en las fotos. Publiqué una a petición de mi amigo quien seguía animándome para salir de la depresión, razón que también sirvió para estar más tiempo del deseado en la cena. Después del brindis, tomé una copa de whisky y regresé a casa. A mi regreso abrí una botella de vino, la cual me terminé antes de irme a la cama. El año nuevo había llegado.

Mi amigo con un genuino interés por mi estado anímico y emocional continuó enviando mensajes durante la semana para animarme, lo cual sí dio resultado, su optimismo me ayudó a tomar la iniciativa de salir a caminar por las tardes. El aire fresco fue llevándose parte de mi angustia y tristeza. Sucedió en multiples ocasiones, cuando me sentía agobiada, cansada, triste, sin ganas de hacer nada, solo me sentaba a observar la puesta de sol.

Mi situación laboral seguía igual, nada cambiaba, pero de alguna forma empecé a aceptarla. La idea de independizarme comenzó a rondar por mi cabeza y para ello debía reunir fondos; eso me animó a perder la obsesión de mi antiguo puesto. Un mes después, uno de los directores de la oficina solicitó mis servicios, no era mi antiguo puesto pero me mantendría ocupada y seguiría ganado lo mismo, así que me comprometí a hacer mi nuevo trabajo con la misma pasión y dedicación de siempre, poco a poco comencé a disfrutarlo. Al tener menos responsabilidades también tenía más tiempo libre, y si quería independizarme ahora debía encontrar en qué invertirlo.

Una tarde antes de ir a caminar pasé al súper. Ahí me encontré a un conocido. Nos agradó coincidir y decidimos ir a tomar un café. Platicamos de temas que nos causaban interés en el ámbito político y cultural. A petición suya le conté un poco de mis acontecimientos de los últimos meses, al terminar él me narró los planes que tenía en ese momento sobre abrir un negocio de la mano de un mentor en *coaching*, también me platicó con notable alegría lo mucho que había descubierto de sí mismo en este proceso; luego agregó: "Considero que eso sería una buena opción para ti Ginna, te ayudará muchísimo en este momento, así podrás saber cuáles son tus debilidades y cómo convertirlas en fortalezas". Mientras él continuaba hablando pude notar su semblante ya que, a pesar de que había perdido su trabajo, mantenía el brillo en los ojos. Finalmente sugirió: "Investiga y si te interesa el tema te paso la información".

Un rato después nuestra charla llegó a su fin, me acompañó al vehículo, nos despedimos y abandonamos el sitio. Mientras conducía camino a casa, reflexioné sobre la situación de Alejandro. Él ocupaba el cargo de Director General en la empresa para la que había prestado sus servicios. La compañía realizó una restructuración y, unos días antes de su despido, Alejandro había hablado con el socio mayoritario sobre su situación en la empresa y este le aseguró que no tenía de qué preocuparse. La noticia de su despido no solo lo tomó por sorpresa, sino que además se sintió traicionado, defraudado, no encontraba una razón justificable. Lo que más llamaba mi atención sobre él y su relato era su estado de ánimo, no estaba triste, ni deprimido, al contrario, sonreía, aceptaba lo sucedido, hablaba con esperanzas del futuro, un futuro que aún no conocía pero que lo llenaba de ilusión. No veía en él un asomo de la infelicidad que a mí me seguía agobiando. Me resultó contagiosa su confianza, se veía seguro, hasta su lenguaje me pareció diferente a lo acostumbrado. Nuestra charla removió algunos recuerdos en mi memoria. Pasé la noche en vela intentando descifrar esos pensamientos; entre ellos, hicieron eco en mi cabeza las palabras que mi jefa pronunció en nuestra última interacción: **Ginna, ¿qué quieres tú?, ¿en dónde te ves en el futuro?, ¿cuáles son tus aspiraciones?** Por primera vez y de forma muy consciente me di cuenta de que me sentía más perdida que nunca.

Por la mañana, entre lágrimas y sollozos, le marqué a una persona cercana a mi vida desde hacía muchos años. Si alguien podía recordarme la razón por la que me encontraba en esta ciudad era él. Sin proponérnoslo nuestra conversación me llevó a darme cuenta de cómo se resolvía mi vida de forma rutinaria, no hacía más que trabajar, sentirme mal, adolorida o enferma, ingerir alcohol, y resolver problemas ajenos. ¡No vivía la vida! No tenía idea de lo que era disfrutar de algo de forma simple, carecía de felicidad, no tenía un propósito ni personal ni profesional aunque estaba por terminar la carrera en Derecho.

Dejé pasar un par de días para tener mayor claridad, y cuando me sentí segura contacté a Alejandro para que me hiciera llegar la información de su mentor.

Capítulo IV

El velo de mi ignorancia

Como todo proceso, tomó su tiempo, pero abrirme a la posibilidad de recibir una mentoría de la mano de un experto me dio la oportunidad de ver más allá de lo acostumbrado; caminar a través de mis circunstancias me quitó el velo de mi propia ignorancia.

Mi primera tarea fue hacerle frente a lo obvio: mi interminable enfado, ese que surgía de forma natural contra cualquier persona que estuviera en desacuerdo conmigo, incluyendo aquellas que intentaban mostrarme cualquier cosa que yo no alcanzaba a comprender.

Al hacerle frente a esa ira que permanentemente me habitaba, me di cuenta de que no tenía la capacidad de disfrutar en lo absoluto, vivía detrás de una máscara de emociones irreverentes en una constante exigencia hacia los demás.

En esa introspección descubrí que me tomaba todo personal. Siempre me sentía herida, menospreciada, rechazada, incluso ignorada. No sabía sostener la felicidad, era como si yo misma rechazara la oportunidad de disfrutar lo bueno que me rodeaba, no me sentía merecedora de nada, empezando por mis éxitos profesionales.

¿Cómo era posible que le exigiera tanto a otros, cuando ni yo conocía el modo de complacerme? Pude recordar que antes de llegar a Campeche fui elegida por mis méritos para pertenecer a una Asociación Civil denominada Jóvenes Empresarios. Para la toma de protesta de la asociación hubo una cena de lujo, a la cual acudió la prensa al igual que mucha gente de importancia empresarial y política de la isla en ese entonces. Era notoria la felicidad por el logro obtenido en el rostro de mis compañeros, se veían orgullosos; en cambio, yo jamás sentí que encajara, apenas y pude fingir una sonrisa. Cuando terminó el asunto protocolario me retiré del sitio llorando. Sintiéndome desolada, llegué a casa a abrir una botella de vino, mi único deseo era embriagarme. ¡No quería festejar! Quería emborracharme para dejar de sentir la profunda tristeza que me embargaba junto al vacío que no me permitía disfrutar de ese momento. Necesitaba sentirme llena de algo, y finalmente lo único que llegó fue un sentimiento extraño que me hizo percibirme como una impostora que no merecía esa gloria.

Entre sesión y sesión fui descubriendo mis patrones autodestructivos. Descubrí, por ejemplo, que confundía la empatía y solidaridad con una obsesionada obligación por mantenerme atareada siempre. Me sometía voluntariamente a largas jornadas laborales sin importar el cansancio físico o mental que presentaba mi cuerpo. Mantenerme ocupada se había vuelto una consigna, aunque me quejara por la carga me resultaba más fácil hacer el trabajo de los demás, sin embargo, cuando se trataba de mí nunca tenía tiempo, postergaba mis asuntos, les restaba importancia o, en la mayoría de los casos, simplemente los abandonaba.

También descubrí que suplantaba personalidades para adaptarme a las situaciones, por eso nunca me conformaba con mi apariencia física. Los cambios constantes de color en mi cabellera siempre ocurrían después engancharme con algún personaje de serie o película que llamaba mi atención, tomando prestadas ciertas características en mi anhelo de sobresalir y encontrar mi lugar. Vivía en una burbuja donde mi propia toxicidad sostenía mi infelicidad.

Años atrás acudí al psicológico, también fui a un par de retiros religiosos, indagué en diferentes religiones con la intención de comprender y entender mis intentos fallidos en las relaciones de pareja, pero siempre lo hice para comprender a los demás, para encontrar la fórmula que me ayudara a lidiar con sus problemas no con los míos.

Creía tener resueltos los temas que involucraban a mis progenitores, como el odio que experimenté en la adolescencia hacia mi madre, o en cuanto a mi padre, quien falleció un par de años atrás, aseguraba no tener sentimientos hacia él, pero caí en cuenta que en el fondo albergaba cierto malestar que terminaba proyectando o descargando constantemente sobre otros.

Esa revelación también hizo que notara que mi vida no cambiaría con solo escuchar, era necesario tomar en serio cómo quería vivir los próximos años. Fue así que nació la curiosidad por querer comprender cada emoción, pensamiento o sentimiento que experimentaba aunque estos me abrumaran.

De este modo descubrí que me mantenía en la ambivalencia. La primera vez que escuché la palabra ambivalencia no tenía ni la más remota idea de lo que quería decir. Ambivalencia significa que hay dos cosas que se contraponen.

Cuando se tiene que elegir entre fresa o vainilla no es un problema, la complicación existe cuando se mezclan las emociones o sentimientos de forma incongruente en nuestras relaciones sin importar su naturaleza. Un ejemplo que quiero dar ahora era mi facilidad para engancharme en relaciones que siempre fueron tóxicas, pero me justificaba repitiéndome incontables veces *que no sabía lo que quería, pero sí lo que no quería*, pero como bien dicen "la teoría es una y la práctica otra", por lo tanto, al no tener claridad terminaba aceptando lo que no quería. Escogía personas y situaciones que en el fondo de mi ser sabía que no eran las indicadas, pero me aferraba a ellas, con la creencia de que en algún momento como por "arte de magia" todo funcionaria.

La ambivalencia producía en mí un estado permanente de incoherencias que me apartaba del presente, alimentando mi frustración e infelicidad.

Experimentaba ambivalencia en las situaciones que me causaban satisfacción y al mismo tiempo me producían dolor, convencida de no tener otra opción y conformándome sin hacer nada al respecto por cambiarlas.

Mi atracción primordial en las relaciones era por aquellos tipos cuyo vínculo solía ser complicado, de no existir este factor mi interés era nulo. Convirtiéndose en la constante de mis relaciones amorosas por la ausencia de entendimiento mutuo.

Un ejemplo que puedo citar ahora sobre mis relaciones de pareja era el deseo de tener algo estable, pero curiosamente escogía personas que vivían en otra ciudad. Al principio me convencía de que era lo ideal porque no me exigían tiempo, y así gozaría de libertad y espacio. Como obviamente yo no tenía claridad sobre lo que quería o buscaba, prefería mantener ese tipo de vínculos. Al principio funcionaban, pero con el paso del tiempo se viciaban por la falta de interés, honestidad o lealtad, volviéndose tóxicos. Para cuando llegaban a su fin, yo terminaba exhausta, confundida, alterada emocionalmente, mal interpretando las causas del problema y en el sillón de un nuevo psicólogo o terapeuta.

En más de una ocasión se presentó la oportunidad de tener algo formal o estable con personas sanas emocionalmente. "Inesperadamente" surgía una razón para perder el interés, corría, me apartaba, no sabía cómo manejar la atención, me sentía invadida, mal interpretaba la preocupación o interés hacia mí, no sabía sostener el equilibrio en la relación ni me sentía merecedora de tanta atención o tanto amor, inconscientemente autosaboteaba el compromiso, era claro que no deseaba nada permanente.

Como muchas otras cosas que ignoraba, desconocía que padecía algunos apegos nada sanos. Uno, el apego evitativo, el cual se convirtió en un mecanismo de defensa a raíz de los sucesos de mi infancia, evitando mostrar mis emociones, retrayéndome, aislándome de las personas cercanas a mí cuando atravesaba por alguna situación difícil. Otro, el apego ansioso, era descomunal, sentía una enorme necesidad de mantener ciertas relaciones en mi núcleo, las necesitaba, tenía dependencia emocional y no soportaba la idea de sentirme rechazada, u olvidada.

Como desde niña aprendí a ocultar lo que sentía y a minimizar mis sentimientos, evitaba todo aquello que me obligara a enfrentar mis miedos. Tampoco sabía hacer frente a las discusiones o momentos incómodos; ante cualquier conflicto me escabullía, los ignoraba o los evitaba. Mis sentimientos iban en piloto automático, no sabían pasar de la adrenalina del enamoramiento a la calma y quietud de una relación bien cimentada. Tampoco sabía pedir lo que en verdad deseaba o necesitaba, así que ponía mis expectativas sobre otros esperando que adivinaran mis deseos y, cuando esto no sucedía, esa gran desilusión me daba la razón perfecta para abandonar la relación.

Otra situación que afectaba mis relaciones era la inseguridad constante que me acompañaba, la cual se convirtió en un complejo de inferioridad, reflejo del vacío y las heridas emocionales de mi infancia. Cuando me encontraba expuesta emocionalmente o apuntaban mis errores, como sucedió con mi amiga Maritza, me alejaba inmediatamente, sin importar quien tuviera la razón o cuánto extrañara la relación o la convivencia con esa persona.

De víctima a victimaria

Desde esa nueva perspectiva muchas cosas empezaron a tomar sentido. La gente sí podía ver lo que estaba mal, fui yo quien se negó por mucho tiempo a aceptar la verdad. Al reflexionar sobre la personalidad neurótica no pude evitar recordar los comentarios que se externaban sobre mí meses atrás en la oficina. ¿Acaso yo también lo era?

Pasé de ser honesta y sincera a ser grosera, e incluso a actuar de forma inapropiada e imprudente; como aquel día que el estruendo de mi voz hizo eco en los pasillos de las oficinas cuando a gritos descargué mi ira hasta hacer llorar a una de mis subordinadas. Solía considerarme "educada" pero no medía la fuerza, crueldad o dureza de mis palabras con las que de manera involuntaria dejaba salir mi insatisfacción e inconformidad. Mi poca tolerancia me hacía actuar erróneamente y de forma impulsiva ante cualquier contratiempo. Cuando algo salía mal, escapaba de mi control o de lo planeado, no lo gestionaba, me lo tomaba personal; me sentía verdaderamente afectada. Para colmo, al ser sensible a la crítica, realizaba interpretaciones erróneas de las situaciones, lo que me conducía a menudo a una descarga de emociones con las que, como un huracán, arrasaba con todo a mi paso creando una enorme crisis. Perdía el control con facilidad, convertía la situación del momento en un insoportable caos sin importarme lo que los demás pudieran sentir o pensar. Mi capacidad de lógica o análisis se anulaba; indudablemente carecía de inteligencia emocional.

Otro factor que me impedía notar los errores de esta faceta en mí, recaía en que una parte primordial del desarrollo de mi trabajo requería la atención de los pequeños detalles, situación que me obligaba a dar gran importancia a todo el proceso, con el objeto de dar cumplimiento adopté "la mejora continua" como parte de mi autodisciplina.

Mi capacidad de observación me permitió disfrutarlo al principio. Podía solucionar o corregir lo que mis compañeros pasaban por alto cuando se daba la oportunidad, hecho que marcaba la diferencia y resaltaba mi labor. Con el paso del tiempo me fui sintiendo más hábil. Me ayudó de forma sistemática a lograr objetivos, a construir manuales internos para organizar mis actividades y las de mi equipo de trabajo, buscando un mínimo de fallos en el resultado del evento o diligencia en la que estuviéramos involucrados. Sin embargo, las altas exigencias me fueron llevando al pozo de la insatisfacción. A causa de mi intolerancia, impaciencia y la constante ansiedad que sufría, convertí esta herramienta en una obsesión que se salió de control.

Mis pensamientos rígidos se expandieron obsesivamente buscando la eficacia en todo, sin importar el esfuerzo que me generaba o lo que implicara para los demás. Pasé de la mejora en pro del desempeño a una búsqueda constante e incansable de la perfección. Me convertí en una juez inflexible e intolerante ante los defectos, y dejé pasar los aciertos y capacidades tanto propias como de aquellos que me rodeaban, rebasando cualquier límite de tolerancia que me permitiera cosechar la satisfacción por los esfuerzos realizados. Adquirí una personalidad casi tiránica, donde todo se volvió en blanco o negro, dejando a un lado el ser espontánea, creativa y flexible.

Me olvidé del aprendizaje que trae el fracaso, eso ya no figuraba en mi lista de opciones, siempre buscaba que el resultado fuera preciso, exacto, el mejor, dejando de lado la valiosa opinión o sugerencia de los demás, o el que estuvieran de acuerdo o no con mis decisiones. También tendía a anticipar los acontecimientos de forma negativa y fatalista a causa del sobrepensamiento negativo haciéndome dudar de mi capacidad y desempeño. Y en esta constante autoexigencia se elevaba mi ansiedad, lo que me mantenía todo el tiempo en estado de alerta, abriendo brecha para que la depresión llegará cuando no lograba conseguir los resultados esperados.

Entre mayor exigencia mostraba, mayores manifestaciones de conductas tensas y temperamento irritable mantenía. Mi insatisfacción se convirtió en una constante frustración que se expandió hasta a mi hogar, al grado de arruinar los días de convivencia con mi familia por cosas tan nimias como la vez que hice un escándalo por encontrar en la mesa recipientes que no eran de cristal con alimentos servidos.

A consecuencia de mi descontrol emocional anulé mi capacidad de expresar el llanto, simplemente no me lo permitía, y cuando alguien lograba sacarme un par de lágrimas me recriminaba con mucha dureza, atormentándome mentalmente durante días por ese momento que calificaba como una debilidad. Me resultaba inaceptable que existiera algo o alguien que tuviera la capacidad de sacarme de mi permanente estado de "fortaleza".

Mi ceguera no me permitía ver que estaba llena de soberbia, me empecinaba en tener la razón. Por ello mis alegatos siempre terminaban en discusión y, cuando no lograba convencer a los demás acerca de "mi verdad" o si lo que me decían no me gustaba, mi respuesta inmediata para concluir la controversia era un "ya lo sé" y con esto concluía la charla. No prestaba atención al mensaje —como sucedió la tarde en que tomé aquel café con Nancy—, ni a las necesidades de las personas. Me había vuelto egoísta y ególatra, no me importaba la comprensión, excepto lo que yo quería.

Reza un dicho que nuestros hijos en ocasiones son nuestros maestros, en más de una ocasión mi hija llegó a expresar su opinión sobre mi acostumbrada queja, ahora podía notarlo, la queja era una constante en mis actividades cotidianas. Antes de tomar mi primer ibuprofeno por la mañana me quejaba porque me dolía el cuerpo; cuando entraba a la regadera me quejaba porque el agua no estaba lo suficientemente caliente; me quejaba del desayuno, conducía y me quejaba de los que transitaban lento, mi copiloto obviamente era la prisa; al llegar al trabajo me quejaba de no encontrar dónde estacionarme; en la mi oficina me quejaba porque hacían ruido; me quejaba de la forma en que la gente me respondía cuando pedía o preguntaba algo, y cuando ya no había personas que escucharan mis quejas, recurría a las redes sociales a expresar mi inconformidad acerca de lo horrible que era el mundo y su gente, sin omitir nunca el "¿por qué me pasa esto a mí, si soy tan buena persona?".

Al poder dimensionar mis excentricidades, el considerarme especial o de carácter fuerte, mis dificultades para relacionarme, el vivir a la defensiva, incluso con algo de envidia, con esa intolerancia e impaciencia, me hicieron saber que correspondían a una máscara que ocultaba el verdadero problema, neurosis.

La introspección
Neurosis, perfeccionismo, falta de inteligencia emocional, ambivalencia, heridas de la infancia, y un sinfín de particularidades más me acompañaban sin ninguna gran cualidad. Cuando pude reunir esto y verlo junto por primera vez, experimenté una vulnerabilidad inexplicable: la personalidad que me había construido ni me ayudaba a mí ni ayudaba a nadie más.

Había edificado a mi alrededor unos muros muy grandes para protegerme y sentirme segura, pero al mismo tiempo me había alejado de toda realidad y el resultado no era lo que yo imaginaba.

Me dolió darme cuenta del daño que causaba a los demás con mis actos, me dolió reconocer que los rumores no gratos sobre mi persona eran verdad, y me dolió reconocer que mi enorme altanería le había ganado a la humildad.

La otra situación que quedó al descubierto me mostró que eso por lo que había llorado durante meses y que me había mantenido en una gran depresión no era la vida perfecta de mis sueños. Me había fallado a mí misma, así como le había fallado a las personas que amaba. En algún momento olvidé ser humana, empática, solidaria y esas eran las razones por las que me había salido de la isla y me había mudado a Campeche.

No quería regresar a ser la misma, ahora tenía mucho por hacer, quería reparar los daños causados, pero ¿por dónde empezar?, ¿cómo lograría que los demás dejaran de verme como me veían?, ¿cómo compensaría a mi familia los momentos que arruiné en mi búsqueda de la perfección?, ¿cómo demostrar que había cambiado? Ya no estaba deprimida, en mi corazón latía la necesidad de compensar a los demás.

Si bien el *coaching* me sirvió para tener un estado mental claro — ser más coherente, trazarme una ruta, trabajar mis altibajos, hacer cambios positivos en la forma de relacionarme, dormir mejor, planearme objetivos, encontrar dirección sobre a dónde dirigir mis pasos — , una pieza no terminaba de ajustarse en mi rompecabezas; seguía sin sentirme emocionalmente bien, dentro de mí seguía habitando una niña insegura con falta de sentido existencial que relamía sus heridas. Me atormentaba no comprender lo sucedido en mi infancia y juventud, esos desasosiegos llegaban junto con la oscuridad de la noche, que en ocasiones me arrastraban por el miedo y el vacío.

El mensaje hace eco, cuando hay espacio
Una mañana mientras me encontraba en mi oficina recibí un mensaje de la mujer que me acogió cuando abandoné la casa

de mis tutores. En el texto venía una frase corta haciendo alusión al salmo 91 de la Biblia. El estar abierta a conocer, descubrir y experimentar, hizo que su mensaje resonara en mi interior. Seguí mi intuición, y al regresar a casa busqué el salmo en la Biblia, lo leí en calma y completo, y hubo una sensación única en mi interior, así que decidí hacer de estas alabanzas un hábito de lectura nocturna acompañado de unos minutos de meditación.

Una mañana justo antes de despertar escuché una voz lejana diciendo: "tu ángel de la guarda". No entendí el mensaje, sin embargo, este suceso me animó a continuar con las meditaciones y la lectura salomónica. Desde pequeña poseo la facultad de soñar y recordar los sueños, pero a partir de este hábito mis sueños se intensificaron, y despertaba con la extraña sensación de que había algo que me esperaba.

Aunque llevaba una temporada con este nuevo hábito, me percaté de que mi enojo se mantenía, al menos ya no contra todo, así que cuando se presentaba podía analizar la situación aunque no fuera en el momento, esta práctica me enseñó que cuando las situaciones escapaban de mis manos lo mejor era el silencio, retirarme de la escena, y una vez lejos reconocer hasta dónde tenía cabida mi responsabilidad y qué era aquello que en realidad me afectaba. Así ya no permitía que las ideas y las creencias antiguas me atormentaran o me hicieran continuar tomando decisiones incongruentes, como en el pasado.

Otra cosa que noté fue mi falta de credibilidad sobre la existencia de Dios. De hecho, no visitaba la iglesia, ni escuchaba misa, no participaba en rosarios, no tenía comunión con Él. No obstante, por esas épocas comencé a ver plumitas en lugares poco convencionales, las sincronías numéricas también se volvieron frecuentes, y cuando investigué sobre el tema todo indicaba que esta era la forma en que los ángeles dejaban señales de su presencia.

No tenía idea de cómo descifrar qué significaba todo esto y después de lo vivido en mi infancia mantenía cierta prudencia con los temas místicos, pero algo dentro de mí me invitó a realizar una plegaria a mi ángel de la guarda, así que la agregué a mi meditación nocturna. Tiempo después, una mañana desperté con ganas de ir a la iglesia, lo cual me pareció bastante extraño. Como era de esperarse no le di importancia y en el transcurso del día la idea se disipó. Al día siguiente pasó lo mismo, y así en innumerables ocasiones al despertar. De pronto y sin advertirlo, la sensación se convirtió en un impulso constante que me invitaba a asistir al recinto, hasta llegar a sentir cierta urgencia, como si intuyera que alguien o algo ya me estaba esperando ahí.

El encuentro
Alrededor de las 11:30 llegué a la iglesia, me senté en una banca a la mitad del templo, el cual se encontraba vacío. El silencio era tal que podía escuchar el sonido de mi propia respiración, pero, para mi sorpresa, no me resultó un silencio incómodo, al contrario, me trasmitía paz y tranquilidad. Después de estar un rato sentada ahí, algo me impulsó a levantarme, me dirigí hacia la pequeña capilla rodeada de esculturas y pinturas de ángeles. Al centro de esta bóveda, en cuya puerta estaba labrada la imagen del cáliz sagrado, se encontraba una caja revestida en metal dorado. Escogí uno de los cuatro reclinatorios que se encontraban disponibles y me hinqué sin saber qué decir.

La atmósfera me fue llevando a un estado en donde podía escuchar y sentir los latidos de mi corazón. Unos minutos más tarde, desperté de aquel trance por el eco de unos pasos que se acercaban a la capilla, mas no me inquieté, solo cerré los ojos. Los pasos antes lejanos se hacían cada vez más claros y cercanos, mientras yo permanecía en estado meditativo, pero aun así pude sentir que la persona, al llegar a donde me encontraba, se plantó enfrente de mí y con voz firme dijo: "¡dame dinero para un refresco!". Abrí los ojos y vi que el sujeto era un hombre corpulento, de proporciones grandes sin ser obeso. Todavía de rodillas, un poco confundida, metí la mano derecha a la bolsa de mi falda; por un instante pensé en sacar el dinero y contar la cantidad que le entregaría, pero algo en mi interior me empujó a dar todo sin contarlo y así lo hice. Al colocar el dinero en la mano que yacía estirada frente a mi rostro, un segundo después una vez más esa voz guía se hizo presente y me invitó a preguntarle al sujeto cuál era su nombre. Con timidez e inseguridad realicé la pregunta, el hombre ya me había dado la espalda; giró el torso, me miró a los ojos, y con la mirada tierna de un niño respondió.

Justo en el instante que escuché su nombre quedé paralizada, mis ojos se inundaron de lágrimas, experimenté sensaciones que jamás antes había sentido, todo el espacio se llenó de luz, no era la luz de una lámpara o de las velas, eran miles de destellos titilantes orbitando en mi alrededor que me obligaban a cerrar los ojos inmersa en aquel silencio continuo. No podía contener el llanto y las sensaciones que recorrían mi cuerpo iban y venían como corrientes eléctricas atrapadas entre mi piel, los huesos y los músculos. No supe en qué momento el sujeto desapareció, ni lo vi ni lo escuché partir como sucedió a su llegada. Me derrumbé sobre mis pantorrillas, no tenía fuerzas para sostenerme, sentía como si hubieran liberado algo dentro de mí pero al mismo tiempo, así inmovilizada, podía sentir total plenitud, gozo, dicha y mucha, mucha calma.

Recuperé la noción del tiempo al escuchar voces a los lejos. Sequé mis lágrimas, me persigné y me puse de pie.

Al salir de la capilla me encontré con un chico que vestía ropa modesta pero formal, y al estar frente a frente me preguntó con amabilidad si necesitaba algo. Recuerdo haberlo mirado con atención y por primera vez en toda mi vida pude observar en alguien lo que llaman la verdadera belleza, la belleza del alma. Todo en él irradiaba belleza. Las lágrimas regresaron a mis ojos, con voz entrecortada y una sonrisa en los labios le pregunté:

—¿Tú qué haces aquí?

—Soy monaguillo, ¿la puedo ayudar en algo?

Me acerqué, coloqué mi mano sobre su antebrazo izquierdo e, intentado recuperar el aliento, le respondí muy quedito:

—Vine a recoger un regalo, y ya me fue entregado.

Cuando pude ver más allá de la apariencia física del chico, lo entendí todo. El nombre que acababa de escuchar era el nombre de mi ángel de la guarda.

Me conduje hacia la puerta de la iglesia sin prisa. Abandoné el recinto mirando al cielo, no era el mismo que había visto toda mi vida, ahora el cielo se había fraccionado en una red de hexágonos titilantes, esto me obligó a parpadear un par de veces para cerciorarme que no se trataba de una ilusión, los hexágonos no desparecieron. Mi mente mantuvo un vacío inexplicable, mi cuerpo continuó con esa gran sensibilidad, podía sentir el aire pasando a través de los poros de mi piel, así como también un suave silbido entró por mis fosas nasales, inundando mis pulmones de vitalidad.

Me quedé de pie en medio de todo lo que me rodeaba en ese momento, únicamente acompañada por el viento cálido que parecía abrazarme, así, con los sentidos extasiados, me dirigí con calma hacia mi automóvil. Una vez dentro alcé la mirada de nuevo al cielo, las imágenes poco a poco se fueron desvaneciendo, a diferencia de la sensibilidad en mi piel que, como un regalo divino, continúa conmigo.

Capítulo V

Mi talón de Aquiles

El acompañamiento de mi mentor me permitió reconocer cuáles eran mis fortalezas pero, muy especialmente, cuáles eran mis debilidades. En realidad, no tenía la "vida perfecta" que creía tener; tuve que aceptar también que las ocasiones en que asistí a terapia me engañaba creyendo que todo había cambiado por el simple hecho de sentirme mejor después de un par de sesiones. Hacía cambios, sí, ¡pero no en mí! Cambiaba el escenario, cambiaban los nombres de los o las involucrados pero mis patrones de conducta permanecían. No implementaba cambios verdaderos para mi bienestar ni me comprometía conmigo misma para salir de mi acostumbrada y doliente forma de vida; por ende, semanas después todo se repetía.

Así entendí que, para tener resultados diferentes, debía conscientemente dar importancia a mis emociones y sentimientos, e integrar todo en cuanto creía y todo en lo que había dejado de creer. Debía estudiarme, analizarme, conocerme, para saber en realidad quién era, qué había en mi presente, qué era bueno para mí, y qué elementos estaban de más. De este modo, comencé a cavar hacia las profundidades de mi ser, capa por capa, hasta llegar a la raíz de aquello que me mantenía reactiva, molesta, frustrada, peleada con el mundo, y totalmente alejada o distraía de vivir la realidad.

Si bien todo esto me ayudaba a clarificar muchísimas dudas, aún mantenía algunas creencias del pasado, como la de que podía cambiar las conductas de mi madre, por lo cual siempre me mantenía alejada emocionalmente de ella, aunque físicamente ya no lo estábamos.

A raíz de la experiencia en el recinto religioso, también busqué conectar más con lo divino y me sentí impulsada a retomar la práctica de yoga que tanto alivió me otorgó durante la rehabilitación para la movilidad de la pierna afectada por la hernia. A su vez, dejé de consumir voluntariamente algunos estimulantes como el café, los azúcares seguido del picante.

Las meditaciones se volvieron parte de mi rutina, me ayudaban a estar despierta por la mañana así como a dormir profundamente por las noches. Esto se fue reflejando en otras áreas de mi vida, por ejemplo en la selección de mis lecturas, los libros sin darme cuenta, me fueron llevando por un camino que jamás hubiera imaginado: el de la espiritualidad.

Para ese momento, aunque ya no eran constantes todavía persistían los episodios de ansiedad que en ocasiones me atormentaban por varios días, sumergiéndome de nuevo en el vacío. Ahora ya conocía mis monstruos, aceptaba mis emociones; sin embargo parecía que algo continuaba sin revelarse, sin permitirme comprender por qué no lograba mantenerme estable mental y emocionalmente.

Fue hasta que acudí a hacerme un nuevo tatuaje que me di cuenta de una de las muchas ramificaciones que parecía tener mi problema.

Era la primera vez que me tatuaría sin llevar acompañante. Me sentía feliz y algo nerviosa por lo que, para agarrar valor, pasar por un par de cervezas me pareció lo apropiado. Gracias a la tecnología por medio de mensajes ya había definido con el tatuador la imagen, fecha y hora en que acudiría, justo antes de entrar al local de Joel ingerí el contenido de una lata de cerveza. Después del saludo y de responder algunas preguntas, Joel preparó la zona con el dibujo e inició su trabajo. Noté que la sensación de dolor y ardor no era tan fuerte a diferencia de las ocasiones anteriores, pero aun así me sentía inquieta. Le solicité a Joel que se detuviera un momento, con su autorización saqué otra lata de cerveza y me la tomé de prisa.

Minutos después, con total claridad, sentí el efecto que el alcohol tuvo en mí. El dolor ya era casi nulo pero la ansiedad se acrecentó. Mientras el tatuador continuaba inyectando la tinta, mi desconexión con el momento se expandió, la sensación al tacto que producía Joel con la inyección de tinta fue desapareciendo mientras en mi mente orbitaban ideas, pensamientos y emociones negativas que se acrecentaban. Para cuando Joel terminó su trabajo, mi sensibilidad era casi nula, pero mentalmente estaba atiborrada, toda la escena me condujo a la euforia. Salí de ahí con la necesidad de ingerir más alcohol, antes de regresar a casa me detuve en el expendio por más cervezas. En casa, después de ingerir un par de latas, la euforia desapareció, las lágrimas llegaron junto con una inmensa tristeza y melancolía. Como solía pasarme después de cada objetivo o suceso que consideraba importante, algo me impedía disfrutar del momento.

Una vez más me sentí una impostora, al cabo de un rato estaba revolcándome en las aguas oscuras del pasado y el dolor.

Soy alcóholica

A la mañana siguiente, con los ojos hinchados por el llanto de toda una noche, tuve claridad de la afectación que sufría.

Algo que considero que sirvió para la claridad de este momento fue mi renuncia voluntaria a los diversos estimulantes como el café, el cual consumía desde niña. Recuerdo que siempre me temblaron las manos, la gente solía notarlo, pues me lo hacían saber, pero aceptaba las interrogantes con normalidad. En alguna de mis lecturas espirituales me encontré con una breve explicación sobre la afectación que el sistema nervioso recibe con el consumo excesivo de este estimulante, al igual que todo lo dañino en mi vida afectaba notoriamente mi sistema nervioso. Suspender este hábito por más de un año hizo maravillas en mi cuerpo; mis manos dejaron de temblar, dejé de tener arritmias y los episodios reactivos también bajaron, por eso fue tan evidente el suceso de aquella tarde con el tatuaje.

El alcohol era mi recurso para escapar del miedo a lo desconocido así como del dolor, también un recurso muy útil para cuando sentía que me faltaba valor o coraje para hacer algo.

El alcohol era también lo único que permanecía de mi antigua forma de vida; era lo que me había arrastrado a ese mar de situaciones complejas, sin importar que no lo ingiriera siempre puesto que, cuando lo hacía, no podía controlar la cantidad que consumía.

¿Recuerdan el tema de la neurosis? Cuando apareció este trastorno obviamente tuve mis dudas, aunque muchas características de mi comportamiento apuntaban a que yo lo era me resistía a creerlo, por eso decidí investigar más. Encontré en la ciudad un lugar al que acuden personas con esta problemática. El sitio resultó ser un centro de ayuda para personas neuróticas, así como para quienes luchan contra el alcoholismo. Ahora que recordaba las experiencias compartidas por algunos asistentes todo cobró sentido, ¡¡también, era alcohólica!! Creo que al igual que muchas personas albergaba la idea de que una persona alcohólica era quien ingería alcohol todo el día, todos los días. Desconocía que existía una clasificación y sobre todo desconocía lo que se ocultaba detrás de esto. La primera vez que me embriagué fue justo una semana después de lo sucedido con José Manuel. El primer trago me supo un poco amargo pero lo ignoré, continúe ingiriendo el líquido hasta que se terminó. Al cabo de un rato alguien trajo una segunda ronda y me tomé otra cerveza. Lentamente mi paladar se fue adaptando, al poco tiempo el alcohol provocó una separación entre los asistentes y yo. Empecé a sentir que no debía estar ahí, me fui distanciando mentalmente del grupo. Mi cuerpo se tensó, apreté la mandíbula con fuerza para impedir que las palabras salieran, el dolor almacenado en mi pecho se escapó y sin poder contenerme las lágrimas brotaron de entre mis parpados.

Los presentes extrañados preguntaron qué me pasaba, pero no pude decir ni media palabra, me las tragué junto con todo el alcohol que pude tomar ese día. Mi objetivo en ese momento era recordar algún detalle más de lo sucedido, me repetía la película una y otra vez deseando descifrar la interrogante: *¿qué me pasó?*

Después de esa primera vez tan peculiar, el alcohol fue mi acompañante todos los fines de semana. En ocasiones me ponía feliz, bailaba, brindaba, me hacía muy divertida y sociable; en otras ocasiones, por el contrario, me apartaba me apartaba, guardaba silencio, me excluía, lloraba, o peor aún, dejaba salir la ira reprimida, me volvía imprudente, impulsiva, intolerante. Varias veces recibí comentarios de diferentes amigas o conocidas respecto a mi actitud, apenada me excusaba diciendo que no volvería a pasar. La realidad es que no volvía a pasar lo mismo con las mismas personas, pero los patrones sí se repetían.

Las borracheras de fin de semana llegaron a su fin junto con mi embarazo. Este periodo de mi vida se tornó complicado: sostuve náuseas, mareos y vómito intenso los primeros cinco meses, aunado a una depresión que en ese momento el doctor consideró hormonal, hoy comprendo que mi cuerpo también demandaba el alcohol al que se había acostumbrado por años. Estando embarazada en una ocasión asistí a un convivio con un grupo de personas con quienes acostumbraba salir de fiesta. Alguien hizo la observación de que en las últimas fiestas sobraba mucho alcohol, a lo que otra persona respondió: "¡es porque Ginna no puede tomar!". Todos nos reímos. En ese entonces el comentario realmente me pareció gracioso; ahora no me causa risa.

La maternidad sin duda cambió mi estilo de vida y entre esos cambios destacaba el ya no poder salir de fiesta cada fin de semana, pero eso no impidió que el consumo regresara. Convertí al alcohol en el alivio inmediato de mis pesares, bebía cuando estaba estresada o cansada, para olvidar el dolor o la tristeza, en los momentos de infelicidad así como en los momentos de felicidad. Encontré en el alcohol a un aliado, a un amigo a quien yo le abría la puerta, lo dejaba entrar a mi casa, lo sentaba en mi mesa y sin proponérmelo le entregaba una parte de mí. Como cuando llegaba mi cumpleaños, parecía que deseaba perpetuar esa euforia en mi interior, pero ni eternizaba mi felicidad, ni se llevaba el dolor cuando se hacía presente, era el alcohol quien me tomaba, no yo a él.

Recuerdo que antes de esa primera borrachera odiaba el alcohol, odiaba a la gente alcoholizada, en especial me sentía avergonzada de mi madre quien bebía regularmente. Muchos recuerdos de mi infancia junto a ella incluían escenas desagradables propiciadas por el alcohol. De hecho, la separación de mis padres fue a causa del alcoholismo y los problemas emocionales de ambos. Y aunque me juré hasta el cansancio que jamás actuaría como ellos, poco a poco, sin darme cuenta, me había convertido en una extraña combinación de los dos, e involuntariamente estaba acabando con mi salud.

Cuando comencé mis investigaciones sobre el alcoholismo, descubrí que yo me encontraba en la clasificación Épsilon, es decir, un alcoholismo agudo, en el cual, aunque no seas bebedor habitual, resulta fácil perder el control y las cantidades suelen ser exorbitantes los días de consumo.

Mi fragilidad mal gestionada me mantenía en el papel de víctima. Vivía apegada a la niña lastimada de la infancia. La verdad es que nunca fui fuerte, ni autosuficiente, ni siquiera gozaba de la libertad que proclamaba tener; en realidad era una persona débil, dependiente, insegura, limitada por mis patrones de conducta y mis creencias.

¡Vaya, tenía una capacidad increíble para autodestruirme! Aunque no de autocompadecerme, ni de mí, ni de mi cuerpo, ni de mi condición y fragilidad.

Pero ya no era una niña, ya había llegado hasta aquí, y ahora me enfrentaba a una importante disyuntiva: o continuaba y experimentaba qué más podía descubrir, o me quedaba estancada con la segura posibilidad de retroceder al punto donde todo había iniciado. Yo sabía que para regresar no necesitaba ayuda, sola podía; pero para continuar necesitaba de algo más que toda mi fuerza de voluntad. Había llegado el momento de descubrir qué era eso llamado fuerza interior y de dónde venía.

En este punto de mi proceso nació la necesidad de darle oportunidad a la niña que no fue escuchada en la infancia. Deseaba realizar los sueños que aún habitaban en mi alma, sentía cierta afinidad con los ángeles, creía que ellos podían ayudarme, ya no era yo una ignorante de sus temas, entendía sus señales, me permitía ser guiada, aunque en mi interior mi alma seguía fracturada pues no lograba reconciliarme ni con mi madre, ni con mi padre, ni con el Creador.

La creencia de que no habían estado presentes en esa difícil infancia que me tocó vivir, así como en mi atormentada juventud, todavía me dolía. Con respecto a Dios, conservaba cierta incredulidad, celos, hasta enojo al escuchar a las personas que hablaban de la gracia divina y de su amor. *¿Acaso ellos tenían un privilegio al que yo no tenía acceso?*

Mi vida había transcurrido de tropiezo en tropiezo, incluso llegué a pensar que Dios se reía de mí en algunas situaciones. Mis planes rara vez se cumplían a cabalidad, en lo laboral siempre conseguía a medias lo que perseguía, en lo sentimental era peor. Pero ahora me encontraba en un punto sin retorno y algo me decía que para continuar debía acercarme a Dios. Sabía cómo hablarle, pero no podía asegurar que me escucharía, no tenía la capacidad de interpretar sus mensajes, tampoco sabía cómo abrir mi corazón para sentir su presencia, y a eso se sumaba mi necesidad de respuesta ante los sucesos tan dolorosos en mi vida.

Capítulo VI

La desintoxicación

En una de las ocasiones que acudí al salón de belleza a que me arreglaran el cabello, para aprovechar el tiempo mientras los químicos hacían su efecto, llevé el libro de un escritor espiritual[2] que es de mi agrado. En ese texto hace referencia a la costumbre que tenía de tomar una cerveza cuando salía a comer con su familia los fines de semana, y como una vez se molestó porque en el restaurante al que había acudido no vendían alcohol. Él llevaba mucho tiempo con la costumbre de tomarse una cerveza antes de la comida, por lo que decidió salirse arrastrando a su familia a otro lugar donde sí le ofrecieran ese servicio. Después de este acontecimiento reflexionó sobre su actuar y se dio cuenta de la importancia que le estaba dando al alcohol incluso por encima de la convivencia con su familia, y a partir de ahí se dispuso a cambiar eso.

Leer esto fue como una invitación para mí, decidí copiar su ejemplo adaptándolo a mis tiempos y circunstancias. Sabía que el prohibirme ingerir alcohol, aunque fuera voluntario,

2. W. Dyer, Wayne, *Tus zonas mágicas. Cómo usar el poder milagroso de la mente*, De Bolsillo, 2009.

89

sería suficiente para que mi mente se encargara de sabotearme y hacer más notoria mi necesidad o deseo de beber. También deseaba comprobar el antes y después de este proceso, quería poder sentirme a gusto, disfrutar del camino de aprendizaje, sin autocastigarme como lo hubiera hecho antes, y con las herramientas que ya conocía implementé algunas prácticas para mi propósito.

Unos meses después, sin pensarlo, me escuché decir: "ya no consumo alcohol". Lo increíble en este proceso fue la respuesta de la gente. Nadie me preguntó la razón de tal decisión, al contrario, me felicitaban por mi actuar, por preocuparme por mi salud, incluso llegué a escuchar más de un: "me gustaría llegar a ese momento".

Sin una fecha específica, mi propósito recaía en cumplir un año de abstinencia. No lo sufrí, no lo lloré, pero sí hubo días en los que la ansiedad aparecía y deseaba perderme de nuevo.

Ser consciente de mis emociones y esforzarme por vivir el presente, sumado a uno de los lemas de Alcohólicos Anónimos, "solo por hoy", me ayudó a aferrarme y a poder percatarme de los cambios en mi carácter. En este trance noté que me volvía irritable, depresiva, ansiosa, que procuraba alejarme de todos, hasta de mi familia, pero esa actitud reforzaba mi ansiedad; por lo cual, a pesar de toda esa revolución ocurriendo en mi interior, ahora inventaba cualquier excusa para estar rodeada de personas. Ya no me permitía excluirme del resto.

Pasó un largo periodo hasta que un día salí con una amiga para celebrar algo. La cena llegó acompañada de una copa de vino que no rechacé. Quería probarme así que tomé un par de tragos, por primera vez el resultado fue otro, el cambio había sucedido: tuve autocontrol.

Aquel día no experimenté tristeza o ansiedad, y cuando me retiré del lugar pude regresar a casa tranquila a disfrutar de un buen descanso. Mi relación con el alcohol dejó de ser emocional, pude vivir el momento presente, sin que llegara de nuevo la intoxicación de pensamientos ni los recuerdos del pasado. Hoy estoy consciente de mi alcoholismo, por ello no bajo la guardia, le apuesto todos los días a mi estabilidad mental, mantener ese equilibrio me ayuda a continuar con mi sobriedad emocional.

Los ángeles y el Creador

Después del suceso en la iglesia, mi comunicación con los ángeles se extendió, a tal grado que sentía su compañía en todo momento. Gracias a sus mensajes tomé mi primera certificación como instructora de yoga. Con total honestidad confieso que cuando me inscribí al curso no tenía idea de cómo solventaría los gastos. La certificación implicaba no solo el pago de éste, sino también el traslado cada 15 días al estado vecino de Yucatán para tomar las clases. En un milagro inesperado pero que atribuyo a los ángeles pues mi maestro me dio todas las facilidades desde el inicio, sin conocerme ni saber nada de mí. Me inscribí pagando una parte proporcional, el resto lo liquidé poco a poco. Recuerdo con mucho cariño el final de la primera clase. Salí al patio, me senté en la sombra de un árbol de cítricos que se encontraba ahí y entre lágrimas me pregunté: *¿qué hago aquí?* Fue notorio para todos los participantes que mi experiencia era de principiante, pero eso no me detuvo, decidí confiar y soltar las expectativas.

Aferrada a esa confianza, encontraba en cada viaje que realizaba una reconfortante compañía, cada vez me sentía menos sola. Abrir mi corazón a la esperanza de la presencia angelical fue como llegar a un jardín mágico que traía a mi vida lo mejor no solo para mí, sino también para todos los que me rodeaban, gozando de tal esperanza, me permití abrazar la idea de que sin importar qué, todo saldría bien.

Esa confianza también me enseñó a moverme despacio, ya no caminaba, conducía o respiraba con prisa, la velocidad del tiempo cambió, como si en vez de lineal fuera elástico, lleno de posibilidades, como si el universo conspirara para poner todo a mi favor. Mi mente adquirió mayor claridad y calma. Cuando las situaciones no se resolvían rápido o de la forma que esperaba, entraba en una especie de batalla interna, entre cómo resolvía antes las cosas y cómo ahora solo debía soltar y confiar. No niego que algunas noches al llegar a mi cama las dudas se presentaban, pero las lecturas espirituales me hacían recordar que me encontraba en un nuevo camino, un camino espiritual.

Con la práctica de la paciencia se asomó la certeza, mi vida dejó de ser complicada. Todos los días nutría mi cuerpo, mis pensamientos, y con esto mi alma empezó a experimentar una inquebrantable fortaleza interior.

Todo se expande
"Donde pones tu atención, pones tu energía" frase popular dentro del *coaching*, la cual nos invita a enfocarnos en lo que realmente importa, a la cual pude aferrarme para no perpetuar la lucha interna de querer cambiar lo que estaba mal en mí, sino en mantener los cambios junto a las nuevas disciplinas que iba adquiriendo. Mi congruencia cada día ganaba más espacio en todo mi entorno.

Ayudada también de un proceso terapéutico pude trabajar mis emociones sin miedo, desde otra comprensión. Me fui haciendo consiente de los momentos en que las situaciones me hacían perder el autocontrol y con la práctica de los recursos que iba adquiriendo regresaba a la calma. También aprendí a reconocer las situaciones que me regresaban a mis heridas de la infancia, al estado de alerta, por lo que me fui desenganchando de mis actitudes erráticas.

Dejé de poner expectativas en las personas, ya no me sentía decepcionada de ellas, lo que me permitió ver las cualidades por encima de los defectos. No esperaba nada de nadie en particular dejando que me sorprendieran los detalles inesperados. El amor dentro de mí también se transformó: mi corazón empezó a rebosar de amor, de un amor que ahora me permitía llorar con una alegría indescriptible. Mi hábito de orar se expandió hacia otras personas, en especial cuando escuchaba o leía que se encontraban viviendo situaciones similares a las que yo sufrí en el pasado.

Adquirí la capacidad de sentir todo, incluyendo el dolor de los demás desde una empatía genuina, esta habilidad me ayudó a sanarme y perdonar de verdad, pues comprendí que esa oscuridad y vacío que estuvo en mí por muchos años habita también en otras personas.

Dios escucha
Una noche al sentirme tan llena de luz y amor llegó mi deseo de comunicación con Dios. Quería disfrutar no solo de la capacidad de hablar con Él, sino que deseaba realmente poder escucharlo.

A través de una meditación llegó el recuerdo escondido en mi memoria del tiempo en que me preparaba para hacer mi primera comunión. Me encontraba en el patio de la iglesia junto a la hija menor de don Francisco. Su hija me causaba admiración, siempre que se dirigía a las personas de su boca salían palabras cariñosas acompañadas de dulces gestos, y mi curiosidad por ella creció aún más cuando me enteré de que prepararía infantes para la comunión.

En un descanso, cuando ella se encontraba en el interior de la iglesia sentada en una de las bancas, me coloqué a su lado e interrumpí sus oraciones al preguntarle qué hacía. Con su acostumbrada voz angelical respondió: "Hablando con Dios".

"¿Cómo se habla con Dios?", volví a preguntar. La blancura de sus dientes al sonreír me trajo de vuelta al presente, mientras escuchaba decir: "En el silencio".

Salí del estado meditativo, con los ojos abiertos contemplé la oscuridad de mi habitación hasta que me venció el sueño.

No sabía cómo descifrar ese mensaje, pero fue una invitación para quedarme en silencio cada noche en la oscuridad con la esperanza de escuchar la voz de Dios, la cual no llegó, al menos no en ese momento.

Los tiempos de Dios son perfectos

Pasé muchas noches en espera de una respuesta y esa espera hizo un trabajo extraordinario. Surgió una entrega voluntaria para vaciarme, es decir, ya no me enfocaba en pensar, ni calcular, ni analizar; más bien me permitía sentir desde el alma, fue como descubrir un portal que me permitió abrir mi corazón y llorar como no lo hacía desde niña.

En ese silencio pude vivir mi vulnerabilidad, el espacio me brindó la oportunidad de hacer las preguntas que consideraba importantes y de reconocer cuántas situaciones malas por las que había atravesado llegaron acompañadas también de una bendición. Igualmente, me hizo darme cuenta de que, si bien mi madre no contaba con la capacidad de demostrarme su amor de la forma en la que me hubiera gustado, lo hacía con sus gestos de atención hacia mi persona, como cuando me preparaba los alimentos; lo hizo también con el tiempo que había dedicado al cuidar de mi hija mientras yo estaba ausente. Ahí también descubrí que el gesto de amor de mi padre fue darme lo único que podía y que tenía un valor incalculable para él: reconocerme como su hija al darme su apellido.

Ese hermoso silencio me dio la oportunidad de reconocer en mis padres sus actos de amor y que ellos habían pasado gran parte de sus vidas cargando un doloroso y angustioso pasado. Mi madre atravesó su infancia cerca de un padre alcohólico, así como en compañía de una madre colérica que constantemente la maltrataba física y psicológicamente. La relación entre ellas no concluyó bien así que mi madre se refugió en el alcohol. A mi padre tampoco le fue bien, su madre fue una mujer fría, inflexible, de pocas palabras, mientras que su padre era un hombre de otra nacionalidad que buscaba la forma de integrarse a una sociedad diferente a la suya y que murió quizá demasiado pronto. Mi padre se autoexilió, refugiándose en un rancho acompañado del alcohol y aunque hizo su vida junto a otra familia su carácter rudo e inflexible siempre lo caracterizó.

Así aprendí que nadie puede dar lo que no tiene. Si mi madre y mi padre no pudieron expresarme amor, fue porque no lo conocieron, porque entonces no tenían la capacidad de exteriorizar algo de lo que carecían.

Dios me habló de la inteligencia divina, esa inteligencia que está en todos nosotros, con la que podemos crear para un beneficio común o propio. También me explicó sobre la importancia del equilibrio, ya que sin este podemos llegar a cometer actos en perjuicio de otras personas. En ese silencio también tuve el entendimiento para ver que no es Dios quien nos lastima; somos nosotros en todo momento quienes hacemos elecciones, quienes con nuestro libre albedrío decidimos cómo actuar, ignorando lo que sabemos que está mal, dejándonos llevar por el deseo o el poder.

También comprendí que el sufrimiento va mucho más allá del dolor y que tiene tanta presencia, que debido a los monstruos que nos acechan podemos lastimar a otros, como me estaba ocurriendo a mí.

Por lo general quienes nos lastiman también están lastimados mental, neuronal o psicológicamente, y no conocen otra forma de actuar porque la realidad que les tocó vivir es diferente a la que dictan las normas o leyes, y en consecuencia van por la vida dañando a los demás, paradójicamente buscando el remedio a su dolor. Los que resultamos lastimados u ofendidos tenemos la idea de que somos los más débiles y por eso nos cuesta tanto sobreponernos, pero al hacerlo nos hacemos más fuertes, no sólo físicamente, sino además adquiriendo la capacidad de evolucionar y alcanzar sabiduría.

Comprendí que los dones o virtudes guardan en sí mismos sus secretos. Si nos fuesen reveladas las cualidades o habilidades desde la infancia no desarrollaríamos nuestras capacidades innatas, aprenderíamos bajo las creencias, mentalidades o limitaciones de quienes nos enseñan . En mi caso, el canal de mis dones o virtudes es a través de la visualización, y a pesar de que yo decidí "dejar de ver" en la infancia, la mente jugó un papel importante, porque a través de ella decidí "qué ver" mientras el canal se conservaba intacto. Al adquirir el hábito de observar permití que este medio siguiera desarrollándose sin que nadie estableciera límites, incluyéndome Con el paso de los días empecé a sentirme realmente feliz. Se había acabado la súplica y el mutismo, ya no hablaba sola. No sólo escuchaba a Dios ¡hablaba con Él!

Después de cada conversación con Él, llegaba a mí un bálsamo que calmaba los dolores de mi alma y me dotaba de un corazón dispuesto. Y con el alma agradecida llegó la compasión por mí y hacia mis progenitores, o cualquier persona que me ofendió o lastimó en el pasado, de igual manera creció mi interés por el bienestar de los demás, en especial el de mi familia.

Mi comunicación con Dios puso fin al dolor, la frustración y el coraje que me había cegado durante tantos años, así como a ese vacío inexplicable que siempre me acompañó.

Ahora sé que el amor de Dios es sublime, que no se experimenta como todo lo externo que conocemos, y que Él está en los momentos y situaciones que sobrepasan los límites de los actos humanos.

Todo lo que ha pasada en mi vida cobró un nuevo significado, y aunque en su momento no lograba comprender las razones, hoy son parte de mi sentido de vida.

Al final comprendí que si las respuestas hubieran llegado tan pronto como estaba acostumbrada a recibir las cosas, entonces me hubiera perdido el milagro... el milagro de aprender a confiar, del milagro de vaciarme de todo lo malo y doloroso, del milagro de permitir que fuera Él quien perdonara mis faltas y las de los demás, el milagro de rebosar mi corazón de plenitud y gracia divina.

Dios estaba cuando mi madre me alejó de su lado como un acto misericordioso por su incapacidad para cuidarme. Dios me llevó a conocer a una anciana extraordinaria que me enseñó lo que necesitaba para ser resiliente. Dios me dio la oportunidad de estar cerca de la mujer a quien bauticé como mi segunda madre para hacerme ver que yo no era una maceta y que debía superarme. Dios no permitió que el hombre que me drogó y abusó de mí me lastimará en otras formas. Dios escogió por mí al padre maravilloso que tiene mi hija. Dios me llevó a Campeche para mejorar mi calidad de vida. Dios me acompañó en silencio en las ocasiones que quise quitarme la vida. Dios mandó a sus ángeles a sacarme de la oscuridad.

La felicidad encontrada
Yo buscaba la felicidad, deseaba no solo conocerla, quería además que se quedará conmigo y en este recorrido he aprendido un par de cosas para sostenerla.

La felicidad se construye con las decisiones que tomo en cada momento, que la congruencia es clave para mantener mi estabilidad mental, que los valores son una guía importante para mantener esa congruencia, que las circunstancias son tan cambiantes como mi entorno y que en cada situación hay una oportunidad para hacer las cosas diferentes. Que es importante invertir tiempo, dinero y esfuerzo en mi estabilidad emocional. Que todo aquello que me hace bien me invita a repetir la dosis, que mis actitudes ante las adversidades hacen una enorme diferencia para la solución de éstas.

Ahora vivo como una persona espiritual, eso me ha facilitado conocer personas llenas de amor y caminos de empatía, donde siempre se hace presente la gracia de Dios, ese Dios que no conocí hasta que con responsabilidad y compromiso me hice cargo de mi propia existencia sin olvidarme de hacer realidad los sueños de mi niña interior; misma que me permite con una mirada indulgente (y con cierta inocencia) sumergirme en las profundidades de mi alma para atravesar la contemplación de mi propia naturaleza, así como de la naturalidad de la vida que reside en todas las personas que son parte de mi entorno.

La gente suele preguntarme en cuál Dios creo, ya que mis raíces teológicas vienen de la religión católica, pero además practico diferentes disciplinas de la religión budista e hindú (meditación, yoga, etc.), debo confesar que mi Dios es muy parecido al Dios que describe el escritor mexicano Francisco Javier Ángel Real que entre sus líneas reza:

"Quiero que goces, que cantes, que te diviertas y que disfrutes de todo lo que he hecho para ti..."

"Amado mío, esta vida no es una prueba, ni un escalón, ni un paso en el camino, ni un ensayo... Esta vida es lo único que hay aquí y ahora y lo único que necesitas."

"Eres absolutamente libre para crear en tu vida un cielo o un infierno."

"No me busques afuera, no me encontrarás. Búscame dentro... ahí estoy, latiendo en ti." [3]

3. Angel Real, Francisco J., *Conversaciones con mi guía. Más alla de el esclavo*, El camino rojo, 2006.

A mi madre

Cada día que pasa te comprendo más y mejor, a través de mis experiencias vivo tus caídas, tus sin sabores y me doy cuenta de lo injusta que fui.

Espero que Dios me otorgue el tiempo suficiente para continuar enmendando mis faltas, errores y desaciertos contigo. Te amo mamá.

Agradecimientos

Muchas personas son parte de este libro de forma directa e indirecta y sé que cuando llegue a sus manos lo sabrán.

Estas líneas son para agradecerles por estar en mi vida, por formar parte de mi círculo de amigos, de mi red de apoyo, de mi comunión con Dios.

Quiero agradecer al escritor y columnista Ambrosio Gutiérrez Pérez por la primera revisión que le dio a este escrito y su valioso enfoque. A mi amigo y sensei el Lic. Ramon Martín Jiménez Gómez por su sabiduría siempre tan acertada.

A mis alumnitas por darme una razón de valor para enfrentarme a mí misma a través de estas líneas.

A mis ángeles por iluminar mis pensamientos.

A Dios por no soltar mi mano.

A mi hija por arroparme el corazón cuando las lágrimas me derrumbaban.

Y a ti, Jesa, por inspirarme con tu gallardía ante la vida.

A mi editorial Casa Bonsái, por su valiosa aportación intelectual, tiempo y paciencia.

Sobre la autora

Georgina del Carmen Bernat Denix, (Ciudad del Carmen, Campeche, 1975). De formación como Licenciada en Derecho. Actualmente se ha especializado en temas de Bienestar Integral. Cuenta con la certificación como maestra de yoga por la Federación Nacional de Maestros en Yoga en México. Tiene también un diplomado como Gestor Cultural expedido por el Gobierno del Estado de Campeche; certificación como Consejero en adicciones y certificación de *Coaching* ontológico. Su interés en dichos temas, la mantienen especializando continuamente a través de diversos cursos y talleres de terapias Holísticas, así como Logoterapia, Inteligencia emocional, Canalización energética, y más recientemente la certificación expedida por el Sistema Nacional de Competencias (SNC) del Consejo Nacional de Normalización y Certificación de Competencias Laborales (CONOCER).

Realizó un año de Maestría en Psicoterapia familiar y actualmente cursa el diplomado en Logoterapia, así como el diplomado en Consejería en adicciones con perspectiva de género.

Índice

Buscando la felicidad encontré a Dios, de Ginna Bernat
Denix terminó de editarse a los cinco días del mes
de septiembre del dos mil veintitrés. El cuidado
de la edición estuvo a cargo de *Ximena Cueto* y
Vanessa Hernández.